全国小学生校园美文精品集萃丛书

梦想在这里启航

《语文报》编写组 编

时代文艺出版社

图书在版编目（CIP）数据

梦想在这里启航/《语文报》编写组编. —长春：时代文艺出版社，2018.8（2023.6重印）
（"七色阳光小少年"全国小学生校园美文精品集萃丛书）

ISBN 978-7-5387-5830-6

Ⅰ.①梦… Ⅱ.①语… Ⅲ.①作文－小学－选集 Ⅳ.①H194.4

中国版本图书馆CIP数据核字（2018）第110011号

出 品 人　陈　琛
产品总监　郭力家
责任编辑　王金弋
装帧设计　孙　利
排版制作　隋淑凤

梦想在这里启航

《语文报》编写组 编

出版发行/时代文艺出版社
地址/长春市福祉大路5788号　龙腾国际大厦A座15层　邮编/130118
总编办/0431-81629751　发行部/0431-81629758
官方微博/weibo.com/tlapress
印刷/北京一鑫印务有限责任公司
开本/700mm×980mm　1/16　字数/153千字　印张/11
版次/2018年8月第1版　印次/2023年6月第5次印刷　定价/34.80元

图书如有印装错误　请寄回印厂调换

目 录

001

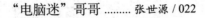
三分回忆，七分思念

爱让世界更美丽

003

与时光老人聊聊天

生活新体验

开在记忆深处的花

　　往事如水，怀念或深或浅，又像是一条条或长或短的小河，在记忆中哗啦哗啦地流淌着，它有时汹涌澎湃，有时开阔平静，有时只是涓涓细流，但无论如何都流向了胸襟宽广的心灵之海。

我的老师妈妈

辛金儒

我的妈妈是一名小学教师，同时担任副校长的职务。她不仅是我的妈妈，更是所教学生的妈妈，是全校孩子的妈妈。

从我记事起，妈妈每天都把时间用在工作上，把时间都给了她所热爱的学生。上课、批改作业、家访、解决学生发生的事情。每天，我眼中看到的尽是妈妈忙碌的身影；餐桌上我和爸爸听到最多的是妈妈班上的故事。我总觉得妈妈光顾着她的学生了，心里很少有我。

后来，我上学了，妈妈因出色的工作提升为教导主任，继而又提升为副校长。本以为不是班主任的妈妈，会轻松一些，会把所有的心思用在我一个人身上。谁知，妈妈更忙了，加班也成了家常便饭。

记得有一次妈妈在学校加班，我一直跟到九点多钟，肚子饿得咕咕直叫，那滋味太难受了。我便对妈妈说："妈妈，你加班，我遭罪，你是不是心里只有学生啊？"的确，自从妈妈当上教导主任后，全校近两千名学生，一半以上学生的名字她都能叫得出来，特殊学生的家庭情况她都了如指掌，老师们都亲切地称她为"学校大字典"。

每当看着别人的妈妈带着自己的孩子逛街、游玩，我是又气又恨，满腹说不尽的苦水。可是自从那件事后，我理解了妈妈，更懂得了妈妈。

那一天放学，学校要迎接检查，妈妈又要加班。回家的我，感到头疼、恶心，就默默地躺在床上睡着了。不知过了多久，我从睡梦中醒来，是爸爸坐在我的身边。爸爸说："孩子，你发烧了，我给你妈打了电话，她一会儿买药回来。"正说着，气喘吁吁的妈妈回来了，摸着我的头，给我吃上药便要走（因为工作没做完）。我拽着妈妈的手不让她走，并对妈妈说："你根本不爱我，在你的心里只有学生和学校。"听了我的话，妈妈转过身，把我拉进怀里，语重心长地说："傻儿子，哪有不爱自己孩子的妈妈，妈妈是一名老师，是学校的副校长，妈妈不光是你的妈妈，还是全校学生的妈妈。妈妈要像关心你一样关心所有的孩子！"看着连饭还没吃上的妈妈，我流泪了。这就是我的妈妈。她没有惊天动地的壮举，没有感人肺腑的故事，但她与学生的故事能汇成书；多少学生的名字刻在她的脑海中，无数的事情珍藏在她的记忆中。

妈妈我永远爱您，因为您是所有学生的妈妈！

妈 妈 的 爱

周洪宇

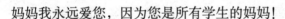

妈妈是世界上最伟大的人。

我的妈妈长着大大的眼睛，柳叶似的眉毛，一副慈祥的面庞，她可是名副其实的大美女，但是由于过度的操劳，眼角已有细细的鱼尾纹，全然一副中年妇女的模样。

妈妈在生活上总是细心地照顾我。

开在记忆深处的花

临近期末，同学们都在抓紧时间拼命复习，这更使我处于高度的紧张之中。"哦，好困啊！"我深深地打了一个哈欠，眼皮不听使唤地合上，无法睁开。

不知过了多久，恍惚中，有一双大而温暖的手，轻轻地抚摸着我那胖乎乎的小脸，然后推了推我，在我的耳边轻声地说："天恩，怎么睡着了呢？那可要着凉的呀！快上床休息吧！"

"我……没有啊！我只想闭一下眼睛，因为觉得眼睛有些痒！"我依旧低下头，为的是不让妈妈看出我的疲倦。"妈妈，您别管我了，您工作了一天，一定很累吧？"我尽量抬起头，能认真一些对妈妈说话。

妈妈看到我坚决的神色，满脸心疼地走出房门。不一会儿，房门又被打开了，只见妈妈手里端着一杯香浓的牛奶，热气腾腾的。"喝吧！一定很渴吧？"妈妈的眼角仿佛又浮现出了几丝隐隐约约的皱纹……

"嗯，谢谢妈妈！"我望着妈妈的身影，深深地点了点头。

004

我手捧热奶，感受到了热气的温暖与芳香，咀嚼着妈妈贴心的呵护和令我宽慰的话语，我的心不禁流过一丝暖流……泪珠儿在眼眶里直打转，泪水慢慢地越蕴越多，越蕴越满，终于夺眶而出，流过了我的面颊。

妈妈在生活上对我百般呵护，在学习上，更是以我为荣，哪怕我只取得一点点进步，都能让她自豪不已。

我的作文《妈妈，我想对您说》在《未来作家报》上发表了，当我把样报递到妈妈眼前，妈妈笑了，反复用长满老茧的手小心翼翼地不停地抚摸着，流露在眼神里的满是欣慰和满足。毕竟是第一次发表作文，毕竟是我给妈妈的第一个惊喜，妈妈竟像孩子一样高兴。她嘴唇动了动，说出的第一句话是："你是我心中的太阳！"听了妈妈的话，不争气的泪水情不自禁地流了出来，模糊了双眼，我暗下决心，一定要努力学习，决不辜负妈妈对我的期望。

我想高声说："看啊！这就是我的妈妈，她是一个对我关心备至又教育有方的好妈妈。"我拥有这样的妈妈是我一生的福气，妈妈你真伟大！

我的"懒"妈妈

吴 军

瞧，我的懒妈妈下班回来了！她一进屋，连外套都不脱，就直接躺在沙发上，脚随意地搭着，手往脑后一垫，就懒洋洋地闭上眼睛了。不仅如此，妈妈还不停地使唤着我和我的爸爸："最最亲爱的宝贝，帮我拿一床被子来。""最最亲爱的老公，帮我倒一杯茶。""……"我和爸爸像个陀螺一样不停地转来转去。可她躺在沙发上一动不动。看着妈妈懒洋洋的样子，我实在忍不住了，生气地说："自己的事情自己做。你怎么这么懒呀？"妈妈看了我一眼，竟然懒得搭理我……

妈妈为什么这么懒呢？这个问题我一直想不明白。可是妈妈的学生却说她一点儿都不懒，还很勤奋呢！上课时，她的声音很响亮，讲起课来绘声绘色，常常逗得同学们哈哈大笑。下课后，她要在办公室批改作业，或者在教室里处理班上的事情，勤快着呢！

有一天午饭后，我去办公室找她，可我怎么也找不着，突然，我听见妈妈的声音从教室传出来，我连忙跑过去，只见妈妈正在批评一位姐姐。由于受到批评，姐姐的脸已经变得像个红苹果了，不一会儿，泪水夺眶而出。看到姐姐哭了，妈妈的心一下子软了下来，立马温柔起来。她把姐姐的眼泪擦干净，拉着她的手在她身旁坐下，拿出作业本，耐心细致地辅导那位姐姐修改作文。原来，妈妈布置的作文作业，这位姐姐写得不够认真，里面出现很多错误，妈妈很生气，连午饭都没来得及吃就去帮助学生辅导作业。

这就是我的"懒"妈妈。每当我看见其他的老师在学校忙里忙外时，我心里都忍不住会想：老师们在家里是不是也是一位"懒"妈妈呢？

老爸的谎言

雨 彤

006

"老爸的谎言，你听得出来吗？"就在识破爸爸谎言的那一刻，央视的这句公益广告反复在我的脑海中盘旋。

那年，我八岁，你四十四岁。每天晚饭后，我都在你的陪伴下，在广场上疯玩到很晚很晚。我问你累不累，你说和我在一起是一天中最快乐的时光，一点儿也不累！那时，我以为你很年轻，你的话我信以为真。

那年，我十岁，你四十六岁。冬天的早晨外面还很黑，你就起来为我准备早餐。我问你困不困，你说早起有助于身体健康，一点儿也不困！那时，我以为你精力很充沛，你的话我坚信不疑。

今年，我十二岁，你四十八岁。烈日下，我想把伞向你的头上移一移，你说伞遮挡了你的视线。我问你热不热，你说自己皮糙肉厚久经酷暑，一点儿也不热！那时，我眼里有了泪。我知道，你在说谎，你已不再年轻。

是啊，老爸的谎言，直到今年夏天，直到我十二岁的夏天，我才刚刚读懂。刚一入夏，气温竟高达四十度，一个大大的火球在天上燃烧。近处，树木一动不动，一改往日的神采，全都低下了头；远处，公路有丝丝的白烟升起，谁家的狗狗躲在楼下的阴凉处吐着长长的舌头，大口大口地喘着气。不知谁说的，一位老婆婆把新买的鸡蛋放在路上歇了口气，回家一看，鸡蛋竟熟了。这可恶的日头，真要把人烤死呀！

中午放学，老爸匆匆从单位跑回家拿了把伞让我遮阳。看到同学们都在日头下暴晒，我唯恐大家笑话我太娇气，就恨恨地对老爸说："我不用！"谁知，这次老爸一改往日的温柔，态度非常坚决地让我打伞。天气实在是太热了。走了一段路程，遮阳伞下的我已经很不耐烦了。再看老爸：弓着腰，扶住车把，奋力地蹬着自行车，头上已满是亮晶晶的汗珠。这时，我悄悄地把伞移到老爸的头上。老爸马上觉察到了，大声地吼道："向后挪，向后挪，别挡我的视线！"看着满身汗水的老爸，我的眼里涌出了泪水。透过泪眼，我依稀看到老爸的头上已有了几根白发。我知道老爸老了。我轻轻地问："老爸，你热不热？"老爸哈哈一笑，说："老爸皮粗肉厚，久经酷暑，一点儿不热！"

007

这一次，我彻底明白了：一点儿不累，一点儿不困，一点儿不热……你说的都是谎言啊！这一次，我彻底明白了：老爸，我亲爱的老爸，为了让我快乐些、舒服些，不论怎样你都从未抱怨过一句。你把全部的爱都无私地给了我。"

可是爸爸，我现在已经长大了，为了您的健康，我已不再需要您的谎言！我需要您在感到劳累时与我说，我好为您捶捶背，缓解您的疲劳；在您感到困倦时，给您准备好早餐，让您能多休息一会儿；在

开在记忆深处的花

您感到燥热时，为您撑一把伞，为您带来阴凉。

父　爱

魏代霞

　　母爱的伟大往往使我们忽略了父爱的存在。是啊，父爱的表达既深沉又含蓄，他没有母爱来得轰轰烈烈，却同样让我们感动不已。

　　一晃许多年过去了，难以忘怀的是父亲对我默默无闻的关爱。

　　小时候我最喜欢和伙伴们一起去打出溜滑，寻找着那危险带来的刺激和快感。也就是这次比赛让我看懂了父亲对我的爱。

　　比赛开始了，我像离弦的箭一样滑在了第一位，心想：这下我一定是第一了，等我赢得了这场比赛，我一定要好好地在同伴面前炫耀一下……我心里美滋滋地盘算着我要用什么方式嘲笑同伴们。

　　"砰！"正当我得意之时，一件意想不到的事情发生了：我重重地摔在了一个坑里，疼痛难忍的我，哇哇大哭起来，伙伴们马上跑了过来，费了九牛二虎之力才把我拉了上来。我一脸气恼地说："不玩了，不玩了，明天再玩吧！"就这样我生气地跑回了家。我伤心地站在爸爸面前哭诉着，可爸爸默不作声，竟向门外走去……

　　爸爸居然不安慰我！怒气冲冲的我跑回自己的小屋，轻轻地把手上戴着的手套摘下来，只见小手出血了，我用柔软的纸巾包了起来，又跑到床上轻声地呜咽着，慢慢睡着了。

　　不知过了多久，我隐约觉得门开了，我微微地睁开双眼。原来是爸爸！我没有说话，也不想理会他。爸爸坐到我床边，不紧不慢地拿起消毒水，轻轻地帮我擦洗受伤的小手，微光中，我看到了他那紧皱的眉头和关切的眼神。看着这一切，心中所有的委屈都立马消散了，不争气的泪水如断了线的珠子一般从眼角滚了出来。

那一刻，我终于明白了爸爸的良苦用心，爸爸不是不爱我，他是在有意地锻炼我，培养我坚强的品格，让我明白在困境中要学会自立。

父爱无言。父亲常以他独有的沉静，诠释着他的责任。父爱越是深沉，越是含蓄，你才会在某一瞬间，突然发现父爱的厚重与伟岸。

我多想对爸爸说："对不起，爸爸，我误会您了，我爱您！"

老爸，我爱您

刘 旭

我的爸爸是一名开大车司机。他长着一双大眼睛，但由于过度劳累，鱼尾纹已经过早地爬上了他的额头，高高的鼻梁下，一张不太爱说话的嘴，他常常用他那双宽大的手牵着我和姐姐。

爸爸十分疼爱我，对我百依百顺。儿时的我十分娇气，常常学着电视里大人们骑马的样子，骑在爸爸的背上，让爸爸当我的坐骑，嘴里还念念有词地喊着"驾，驾……"。有时还要骑在爸爸的脖子上，而爸爸却从不厌烦，无论他有多累、多忙，总是任由我"摆布"。

爸爸更是千百万个爸爸中最勤劳的一个。每每过了正月十五，爸

开在记忆深处的花

爸就要外出干活。每天天还不亮他就开着汽车到工地拉沙子和土，晚上我已经入睡，还不见爸爸的身影。

渐渐地，爸爸就很少有时间陪我玩了，每当我看到同龄人扑在爸爸的怀里撒娇时，我羡慕极了，也曾多次埋怨爸爸。就是在那一次期末测试的前一天，我彻底地理解了爸爸。

第二天就要期末测试了，为了养足精神，取得一个理想的成绩，我早早地就入睡了。也许是太紧张了，半夜我猛然想起一道题不会做，于是便在被窝里认真琢磨起来，忽然从远处隐约传来汽车喇叭的声音，声音越来越近，到我家的院子里声音便没了，紧接着就是一阵轻轻的脚步声，开门声。是爸爸回来了，我偷偷地睁开眼睛看着爸爸，爸爸没有开灯，但是借着皎洁的月光，可以看到爸爸拖着疲惫的身体，轻轻地爬上炕，他没有脱衣服就躺下了，还没到一分钟就响起了呼噜声。

我的眼睛湿润了，爸爸为了我，为了整个家，他付出的太多了，而我却埋怨爸爸，我真是太不应该了。

一年的劳累过去了，每到数九寒天，别人的爸爸在家里看着电视、喝着茶水时，我的爸爸又要在马路上徘徊着。是啊，又到年底了，压了一年的工钱，还没有到手，爸爸只能拿着礼物去"拜望"那些所谓的大老板，讨要拖欠的薪水。

爸爸没有惊人的业绩，不是大老板，不曾被人注意，而他却是我最敬爱的人。爸爸，我永远爱您！

我 的 爸 爸

葛 升

在我的眼里，爸爸虽然对我的要求有些严厉，但也不乏慈爱。

记得有一次我就作业少写了几个字，被爸爸发现了，他生气地问我："你学习怎么这么不认真，如果这样继续下去能取得好成绩吗？"爸爸还要用笤帚打我，看着爸爸那严厉的目光，我真是又委屈又生气。"不就是几个字嘛，我补上不就行了，至于这样教训我吗？"我越想越觉得委屈，眼泪在眼圈打转，几乎要掉下来了。也许是爸爸看出了我的心思，他俯下身子对我说："孩子，不是爸爸要求严厉，你现在正是打基础的时候，做什么事都不认真，将来怎能成大器！我希望你能理解爸爸的一片苦心。"看着爸爸无奈的样子，我似乎理解了许多。

看着爸爸每天拖着疲惫的身体，我有些不忍心，也想着能帮爸爸做点儿事情。

一天，我和爸爸一起上山割草，眼看天要下雨了，为了能在下雨前顺利地干完，我拼命地割着，由于着急，一不小心镰刀割在了腿上，血流不止，顷刻间裤子湿透了，这时我才意识到伤势有多少严重。一时间语塞，不知如何是好。

也许是爸爸听到了我的呻吟声，他一回头看到我蹲在地上，看到地上那红红的鲜血，他顾不得地上荆棘丛生，三步并作两步向我跑来，背起我就向医院跑去。

我轻轻地趴在爸爸的背上，耳畔呼呼的风声和爸爸的喘气声交织在一起，看着爸爸焦急的样子，我很内疚，怪自己太大意。

到了医院，大夫对爸爸说只能缝针了。爸爸怕我害怕，故意安慰我："孩子，别担心，大夫会给你打麻药，一点儿也不疼的。"听了爸爸的话，我轻轻地点了点头，并向爸爸表示我一定会坚强。

我好幸福，因为我有一位好爸爸！

老师，您真好

刘立文

教过我的老师有很多，但有的随着时间的流逝已经淡忘了，只有一位老师我却永远不能忘记，那就是我们班主任刘学强老师。

刘老师的鼻梁上总是架着一副眼镜，一副学者的模样。他和蔼可亲，认真负责，教导有方，还十分关爱学生。虽然老师教我们才刚满一年，但是，我们已经很了解他了，我们之间也建立了深厚的友谊！

自从刘老师教我们以来，我们的作文有了很大的进步，我还清楚地记得那节生动的作文课！

记得那节作文课是写《我的母亲》，老师先写了自己的母亲，并读给我们听，让我们仿写。老师读得那样用心，我们听得那样认真，听完后有的同学脸上已有了泪花。老师教育我们说："孩子们，我的母

亲这样伟大，那你们的母亲又何尝不是呢？我认真观察并把母亲记录下来，才有了这样的作文，那你们为什么不把自己的母亲也记录下来呢？她们也和我的母亲一样，为了你们的成长辛勤劳动着，而她们却从不图什么回报，今天我们就来把我们的母亲写下来，你们愿意吗？"

我们都用心地写着，最后经过老师的修改，还在同学面前把自己的作文读出来，然后让其他同学做评价。老师还给予我们每位同学充分的肯定，使我们第一次感到写作的成功与快乐，从此我们再也不惧怕作文了，有时自习课还经常让老师给我们出作文题目。

老师还处处帮助我们积累写作素材。如在一次搬砖劳动中，老师就告诉我们把经过记录下来，并且告诉我们可以写劳动场面，可以写自己的劳动心得，可以写自己的收获。我们都把这次劳动过程记录了下来，个别同学还把自己的劳动体会写了出来。

更让人激动的是，老师在班级里建立了一个奖励机制。凡是有进步的都要奖励，比如作业写得更工整了，课文会背了，成绩提高了，等等。奖品是精美的笔记本。记得在上个月的奖励中我一个本子也没有得到，而有的同学却得了五个，但是刘老师为了维护我的自尊心，特意奖给了我一个本子，说是我进步了，其实我知道那是老师为了鼓励我才这样做的！

我是班级里的通勤生，学校又离我家很远，每天上下学都是父母接送，所以我在班级成了被特殊照顾的对象：每天不用做值日，如果上课迟到，老师还要打电话给妈妈询问原因，下雨天又怕我在路上有危险，在妈妈忙碌而顾不上我时，刘老师就亲自接送我上下学……

如果流星来了，我一定会许下一个愿望，那就是："愿刘老师永远不会老，快乐永远围绕着他！"

开在记忆深处的花

师　爱

艾长旗

　　"随风潜入夜，润物细无声！"老师总是默默地把知识的种子撒在我们的心田，并像爱他的孩子一样爱着我们！

　　记得有一次体育课，老师看着稍有些厌学的我们，为了调整一下学习状态，决定领我们打篮球，同学们似乎从黑暗中解脱出来，显得那样轻松，那样高兴。

　　到了篮球场，老师开玩笑说："孩子们，哪边输了哪边要买冰棍哟！"同学们都答应了，为了不买冰棍，同学们都在拼命地抢着球，可老师却接二连三地让着我们，最终以18：20的比分输给了我们，看着满头大汗的我们，老师又有些心疼了，他立刻从兜里掏出五十元，让身为班长的我去后院小卖店买了七十根冰棍，给大家发下去。

　　"丁零零……"随着铃声的响起，老师和同学们一起回到了教室。没想到刚进班级，老师又变得严肃起来，并对全班同学说："孩子们，咱们刚玩了一节课，现在该上数学课了。一会儿，我在黑板上写二十道题，谁做完，谁就可以出去玩，可前提是一道不能错，小心错一道要罚十道哟！"

　　别看老师在学习上严格要求我们，可在生活上却悉心地照料着每一颗"幼苗"！

　　这不，前两天，我们班有两个同学生病了，一个是头上长脓包，另一个是喉咙里长了脓包，老师对我们说："这种病可能会传染，我已经让他们先在家养病了，你们想跟他们玩就等他们好了后吧！"

第三天，老师就带着我们班的副班长去医院看望他们了，一周后，他们就来上课了，老师的心也算落下来了。

老师，您就像一个园丁，浇灌着我们的心田；老师，您就像一根红烛，照亮了我们的人生；老师，您就像一棵大树，而我们就是那颗籽粒饱满的果实！

老师，您太伟大了，我们爱您！

我 的 老 师

刘文旭

015

新学期开始了，我们班新换了一位男班主任。老师个子不高，戴着一副眼镜，看起来很斯文，很有学问的样子。

老师上课时很严肃，比如，有同学上课不认真听讲，老师就扔过去一个小粉笔头。课间老师又好像变成了另外一个人，和我们一起玩耍，像我们的好朋友一样。更多的时候我觉得老师对我们的关心更像我们的爸爸。

记得有一天早晨，我刚吃完饭，背着书包打算去上学时，突然感觉肚子有点儿疼，心想，可能吃太快了吧！我坚持来到学校，默默地坐在座位上，感觉肚子更疼了。我趴在桌子上，用手捂着肚子，别提多难受了。此时我多想爸爸和妈妈能在身边啊！

正当我难受时，老师缓缓地走进教室，一眼就看见趴在桌子上的我，他轻轻地走到我身边，弯下腰问我怎么了。我皱着眉头说："我肚子痛。"

老师接着问："疼得厉害吗？"我说："疼得挺厉害。"老师着急地说："走，我马上送你去医院。"

很快，老师带着我一同来到了市中医院。刚进门，老师就忙着帮我找大夫看病。

医生耐心地询问了一下病情，然后说："可能是肠痉挛，得打针。"我心想：我哪有钱打针呢？这时，老师看出了我的心思，他温和地对我说："你先在这躺着，我去交钱。"看着老师匆忙的背影，我的眼睛湿润了。

交完钱后，护士姐姐很快给我打了针。我的肚子渐渐地好点儿了，老师也放心了许多，这时，忙活了半天的老师才想起给我的家长打电话，临床的一位爷爷问老师：你不是他的爸爸呀？老师笑着说："我不是他爸爸，我是他的老师。"虽然您不是我的爸爸，但您此时却似我的爸爸。

老师，如果不是您，我不知道会有什么后果，谢谢您老师！

开在记忆深处的花

沈泓旭

往事如水，怀念或深或浅，又像是一条条或长或短的小河，在记忆中哗啦哗啦地流淌着，它有时汹涌澎湃，有时开阔平静，有时只是涓涓细流，但无论如何都流向了胸襟宽广的心灵之海。

还记得有那样的一件事，虽被时间沉淀，但依旧难忘至今。

五年级开学重新分座位，我被分到了一个四周全是自律性差又调皮的同学的地方。他们不管上课还是下课，总是不停地说话。上班主任的课时，还略好一些，若是其他科任老师的课，周围不是闲聊的，就是玩弄小把戏的，居然还有同学直接下了座位，蹲下来玩耍，俨然一副课下的氛围。等老师发现这种状况时，难免大发雷霆，而这时，总是殃及池鱼，唉，我就是池中的"鱼"。老师认为我也和其他人一样在闲聊，便不问青红皂白，一起惩罚我们。最气人的就是我同桌，上课时就挂着胳膊，把脑袋转向我一直发愣，使我的注意力极易分散。在这样的影响下，我的成绩直线下降。

"怎么办呢？"我想了又想。终于，在一次课间时我找了我们的班主任李老师，提出调座位的请求。我懊恼地说："老师，我周围的人十分吵，影响了我的学习，我成绩都下滑了。"李老师看了看我，平易近人地说："这不关他们，是你自己没有很好的控制力，你看那里——"说着她用手指了指墙上的一幅荷花图，说："荷花出淤泥而不染，毛主席闹市里仍专心读书。这就是我把你安排在那里的原因。"我看了看老师指的那幅荷花图，一朵荷花正亭亭玉立在荷塘中，艳而不妖，清而不媚。

我终于茅塞顿开，回到座位上。从此我眼中没有了上课挂着胳膊的同桌，没有了窃窃私语的同学，也没有了内心的浮躁。渐渐地，我养成了上课专心听讲的好习惯，我的成绩又取得了进步。这都是得益于李老师的教诲啊！

现在我离开了李老师，但每每看到荷花，我就会想起李老师的那些话，记忆中的那出淤泥而不染的荷花，开得那样的娇艳。

开在记忆深处的花

爷爷，我爱您

宋小锟

我有一个非常爱我的爷爷，他对我的付出比关心他自己多得多。

我的爷爷不论刮风下雨还是酷暑严寒都会按时接送我上下学。就连爸爸都打趣地说："你爷爷对孙子的关心可比对儿子的关心多多了！"

有一次，外面下着瓢泼大雨，我以为爷爷不会这么早来接我，我就在班级写作业，写着写着我就忘了时间，写完了作业外面的雨也快停了。我就收拾完书包往外走，在学校门口我看见了一个熟悉的身影正在向我的教室方向张望，手里拿着一把雨伞，雨水顺着伞往下流，雨水珠顺着头发往下滴，身上的衣服也被雨水给淋透了。走近一看，发现竟是我的爷爷，这时我的心中顿时涌上一股暖流，眼泪不知不觉在眼圈中打转，我一下扑到爷爷怀里，泪水悄然而下。爷爷用那苍老而有力的大手一把抱住了我，并对我说："乖孙子，快回家，奶奶正给你包饺子呢。"第二天爷爷生病了，但他依然准时接送我。

还有一次是在冬天，由于前一天下了雪，道路非常滑，爷爷在接我放学的路上滑倒了，看着满头银发、走路一瘸一拐的爷爷，我心里十分心疼。我搀扶着爷爷慢慢向前走，这时爷爷的脸上露出幸福而又满足的笑容。

　　每一次我闯祸或考试没考好，爸爸都会"修理"我，每一次都是爷爷为我求情，我知道爷爷这是在"保护"他的乖孙子。

　　这就是我的爷爷。我真的想快点儿长大，来回报那爱我、疼我又可爱的爷爷。

奶奶，我爱您

李重言

　　我最爱的人不是爸爸妈妈，而是我的奶奶。你们听了是不是感觉很奇怪？和奶奶在一起的每一分每一秒都是那么开心、那么快乐。奶奶总会带我做一些有趣的事。

　　我的奶奶个子不高，但是很胖，有时我却认为她胖得可爱。她有一双小眯眯眼，一眨一眨，笑时会眯成一条缝，在高高的鼻子下，有一张时不时弯起来的嘴。

　　有一次，她在外面忙活着喂那些刚买的小鸡，我看着很有趣，便过去和奶奶一起喂，我把从袋子里抓来的食撒在地上，手里还留了一点儿然后又亲手喂给那只被挤出来的可怜的小家伙，没想到它却因为害怕不肯吃。我泄气了，便对它大吼："你这只不知好赖的死鸡，爱吃不吃！"奶奶却在一旁哈哈大笑起来，说："哎哟，我的傻孙女儿哦！你把食撒在地上，它自己就吃了，你喂它，它反而觉得你要害它，当然不吃了。"我恍然大悟，想一想是这么个理儿，便按奶奶说的做，小鸡果然吃了。我跑到奶奶身边，搂住了奶奶的胳膊，和她一

开在记忆深处的花

起看那些小家伙狼吞虎咽的样子。

　　和奶奶在一起，是我最开心的时候，因为奶奶总能给我带来快乐：当我有心事时，是奶奶在一边帮我解开心结；当我不开心时，是奶奶逗我开心，给我欢笑；当我取得不好的成绩，失去信心时，又是奶奶在一旁鼓励我，她还曾对我说："我对我的孙女儿充满信心。"也正是这句话，一直鼓励着我奋发向上。

　　奶奶对我永远是那么好，我爱您，亲爱的奶奶！

我 的 奶 奶

曲妍

020

　　在我五六岁时，我的奶奶就去世了，所以我对奶奶的印象已经模糊了，但是在我心灵的深处，奶奶是一个个儿不高、胖胖的慈祥老人，我依稀记得那张慈祥而又熟悉的面孔。

　　就在我五六岁时，我还在上幼儿园，一件让我悲伤的事情发生了。我在幼儿园里读课文，只见那时教我的曾颜老师，接了一个电话就把我带回了家，当我踏进家门时，我的家里站着许多人，个个都哭丧着脸。当我进屋时，发现走廊里放了张床，一个人躺在上面，身上蒙着白布，静静地躺着，那时我并不知道躺在那里的就是奶奶。妈妈看见我回来了，便悲伤地说了一句话："你先进屋吧，听话！"听了妈妈这句话，我就进屋了，过了一会儿，我的叔叔一边哭着一边跑进了屋里，只听叔叔说了一大堆话，我隐隐约约听到："妈，妈，你怎么能丢下我们自己走了呢？"那时我对叔叔的话尚不大明白，过了半天才反应过来，那被白布蒙着的是奶奶，在我明白了一切后，我伤心地跑到奶奶身边，与奶奶诉说着往日的快乐。儿时的一件件、一桩桩往事又重新浮现在我的眼前。

在我的印象里奶奶是一个勤劳、能干的家庭妇女，她不论春夏秋冬，都会推着三轮车走在大街上卖馒头，而那时淘气的我也经常站在三轮车上蹦蹦跳跳地帮奶奶叫卖"卖馒头哟，新出锅的馒头——"这一声声叫卖，还是那么熟悉。而今天奶奶却永远地离开了我们，我多想再叫您一声奶奶，我亲爱的奶奶！

我还清楚地记得奶奶那张慈祥的面庞。

快乐的奶奶

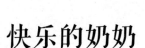

乔宇豪

我的奶奶已经快六十岁了，体型偏胖。不过，别看她身形偏胖，她却是我们小区的跳舞队长呢！

奶奶每天吃完晚饭就去广场上跳舞，晚上八点才回来，简直是一个跳舞迷！有一天傍晚，下起了倾盆大雨，奶奶无法外出跳舞，这下可愁坏了奶奶。她只能待在家里，看起来愁眉苦脸，坐立不安的。只见她一会儿躺在沙发上，一会儿在客厅坐着，一会儿又到阳台上看看雨有没有停。就像被关在笼子里面的鸟儿，焦虑地"蹦来蹦去"，嘴里还时不时发出"唉""哎哟""老天哟"等叹息声。我有一句没一句地跟奶奶聊着天，但似乎起不到任何作用。

　　我打开电视看我喜欢的节目，正当我看得兴致勃勃的时候，奶奶懒洋洋地从房间里走出来，站在我面前，眼巴巴地望着我，她用恳求的语气说："乖孙儿，把电视让给奶奶好不好？我想跳舞！"看着奶奶充满期待的眼神，我只好妥协了，把电视让给了奶奶！她一下子高兴得跳了起来，像个孩子得到了喜爱的礼物一样兴奋，身上充满了活力。于是，奶奶马上把碟片放进碟机里。随着音乐的节奏，奶奶脸上出现了满意的笑容，紧接着跳起了最流行的广场舞。

　　奶奶辛勤操劳了一生，现在每天还是不辞辛苦地照顾我，没有任何怨言。她只有在晚饭后才能有空闲，去跳她喜爱的舞蹈，这或许才是老人应有的生活状态。看到她开心的样子，我也很高兴。

　　我想对奶奶说，希望您永远充满活力，做一个快乐的老太太。

022

"电脑迷"哥哥

张世源

　　瘦瘦的脸蛋，长长的身子，鼻梁上架着一副三百度的近视镜，就像一位小博士生。他就是我家的"电脑迷"哥哥。

　　哥哥是个十足的电脑迷，每天一起床，眼睛还没睁开，他便坐在电脑旁边，双手不停地敲打着键盘。也不知他在弄些什么。瞧他那副模样，既滑稽又可笑，似乎要把头也伸进电脑里似的！

　　他整天坐在电脑前，哪儿也不去。有时嫌吃饭浪费时间，他干脆把碗端到电脑桌上，一边吃饭，一边玩电脑。妈妈说他是"电脑迷"，他还摇头晃脑地说："迷者，美也！"挺得意的。可是天有不测风云，那次电脑感染了"病毒"，时不时出现死机的现象。他比自己病了还着急。他像热锅上的蚂蚁，折腾来折腾去，电脑始终"活"不了，他急哭了。后来经人诊断，才知道电脑是染上了一种叫"快乐时光"的病毒，他赶紧去买回一张杀毒的光盘，才使电脑转危为安。短短两天时间，哥哥的眼里布满了血丝，脸色苍白，嘴唇起了水泡，就像自己又病了一场。

这个"电脑迷"真是令人好气又好笑。

一次，我放学回家，看见哥哥的车放在门口，知道他在家里，便敲门，可敲了半天也没人开门。我站在门口喊，喉咙都喊哑了，仍然没有动静。没有办法，我只好坐在门口做作业。等了好久，妈妈回来了，问我："你怎么不进门，你哥哥不是在家吗？"妈妈打开了门，我跑上楼去，推开哥哥的房门一看，哥哥正在全神贯注地打电脑。哥哥看见我，关切地问："你怎么这么晚才回来啊？"我不知说什么好，无可奈何地走开了。

你看，我哥哥就是这样的一个"电脑迷"。

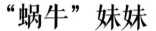

"蜗牛"妹妹

丁淑杰

我的妹妹今年八岁了，上二年级，她聪明可爱，学习也很好，这是她向妈妈炫耀的武器。为此，我总是吃醋，心中愤愤不平，和她天天打嘴仗，气得妈妈大发脾气，总说我不懂事。有时我也觉得很委屈，气得大哭。妹妹的优点有时也纵容了她的缺点，比如，做事慢吞吞的，挑食。妈妈总是说："蜗牛，快点儿。"

记得有一次，吃饭的时候，我吃完了，她还没吃几口，我叫她快点儿吃，她就更慢了。气得我背起书包就要走，妈妈连忙催促妹妹，说："蜗牛你就不能快点儿？"我在一边偷笑，她却把嘴噘得老高。吃完饭后，一出大门口，她就像蜗牛一样走着。我说："你能不能快点儿？我都快冻成冰棍了！"妹妹理直气壮地说："不行，我累。"又过了一会儿，我对她说："你能不能快点儿，我快迟到了。"她反驳道："我一会儿腿痛，你赔呀？"我想：这样下去，我一定会迟到的。但是又不放心让她自己走。于是，我想到了一个好主意，我就对她说："咱们玩个游戏吧！""好呀！""你看见那个路灯了吗？咱们先跑一个灯，再走一个灯吧！"妹妹高兴地答应了。于是我们就连跑带走地到了学校。

放学后，我去找她，可是她不在。我想她是不是去我班了，我又回到班级找她，也没有找到。我就楼上楼下地跑了几圈，可还是没有找到。我便以为她回家了，我就往家跑，到家后，妈妈问我妹妹呢。我一下怔住了，然后我立刻骑上自行车，连手套都没有戴，心里只想着找不到妹妹怎么办。我刚走到半路，就看见妹妹慢腾腾地向我走来，我上前去把她抱到自行车上，这时我才感到自己的手快冻僵了，但是找到了妹妹我的心里却是暖的。

平时的打打闹闹，改变不了我们血浓于水的亲情。我离不开她，她也离不开我。

记得有一次，妈妈带着妹妹去姥姥家，才待了一个星期，姥姥就说妹妹想我想得饭都吃不下了，只好把她送回来。当时我还有点儿怀疑。可这次，妹妹去北京我才深有同感，一个星期的时间，我就想妹妹了。我盼望妹妹早点儿回来，再和我打，再和我闹。

虽然我的妹妹身上有许多小毛病，平时我们还总是吵吵闹闹的，但这样的她，同样让我喜爱。

"影迷"姐姐

卢昱竹

"妹妹，咱俩去看电影吧，新上映的，听说是沈腾和马丽演的，特别搞笑！"姐姐一边欣喜地说一边拉着我往电影院的方向走去。

025

说起我的姐姐，她对电影的喜爱简直到了痴迷的程度。一旦有新电影要上映了，她一准清清楚楚，电影演的什么内容，由哪些演员主演，导演和编剧是谁，甚至明星的八卦消息她都顺带着如数家珍地娓娓道来。去了电影院看一遍还不满足，回到家还要在手机上看一遍。

过年了，人们都忙着会朋友走亲戚，大家聚在一起聊聊天，喝喝茶，消遣假期。可姐姐却早就在网上订了电影票，欢欢喜喜地等着去看电影。记得那年大年初一她订的是《功夫瑜伽》。平时，姐姐都很爱睡懒觉，可那天她早早地起来帮家里包了饺子，包完后，姐姐招呼我快点儿起床起来吃饭。我当时还在想，真是太阳打西边出来了。吃饭的时候，姐姐开口说："妹，咱俩快点儿吃，一会儿九点就得到电影院，我订了好几天才买到这个点儿的电影票。""天哪，今天可是大年初一，你居然这么心急。"我吃惊地喊道。

见我吃完饭，姐姐就忙拉着我快速地走出家门。因为是大年初

开在记忆深处的花

一，没有公交车，出租车也特别少，在寒冷的冬天，等了许久，终于打到了出租车，车子刚到电影院门口，姐姐一看时间已经是八点五十多了。姐姐慌忙地拽着我下车，这时，我的脚一不小心崴到了，疼得我龇牙咧嘴的。我委屈地说："姐姐，我想回家。"姐姐说："好容易到了，就算陪姐姐一次吧。"无奈中，我只好硬着头皮答应了。到电梯门口时，再看电梯前聚了满满的人，原来和姐姐一样爱看电影的人这么多。姐姐见状后，就说："妹，咱俩走楼梯吧！还能快点儿到。"我苦着脸说："姐啊，电影院在五楼呢，我的脚还崴了，我不想走楼梯。"姐姐看了下时间，电影马上就要开始了，说："我来背你吧。"于是姐姐背着我来到五楼。终于换了票，找到座位了，这时电影刚刚开始。姐姐看到了电影里有她喜欢的明星张艺兴，还有功夫明星成龙，脸上露出开心的笑容。

这就是我的姐姐。你们说，她是不是一个"电影迷"呢？

三分回忆，七分思念

　　不管未来有多遥远，成长的路上有你有我；不管相逢在什么时候，我们是永远的好朋友。你一定也有相伴的同学、好朋友，在你遇到困难的时候，他会奋不顾身地帮助你、鼓励你，与你一起成长，一起进步。

我的"傻"同学

纪静雯

"哎呀，你来了！"不用问，这保准是我的同学王默在叫我了！王默长着一双大大的眼睛，就像会说话的星星眨呀眨的。她那"蘑菇"头配上那双大眼睛，看起来十分聪明可爱。可是她有时候总是让人感觉她有点儿"傻"。

王默的学习成绩非常好，但她的学习方法却很笨，常常闹出笑话。记得那天上课，老师让我们用"天真"造句。老师点到她的名字时，她回答道："天真热！"许多同学听了哈哈大笑，都说她很傻。大家取笑她，给她取了个外号"傻默默"。在学英语单词的时候，她很难记住，所以就开始利用中文来帮忙——在单词的旁边注上中文汉字。只见她书本上的"Goodbye"旁边标上"姑大白"，"Thank you"旁边标上"三块肉"，"Book"标上"不克"……常常引得全班同学大笑。但这种笨方法却让王默的英语成绩非常好，可谓是"笨人有笨招"，比起英语成绩，连我都自叹不如呢！

王默这个"傻"丫头，在学习方面有点儿"傻"，在做人方面也是有点儿"傻"，记得一次冬天的时候，狂风呼啸，雪花不再是美丽的蝴蝶，它被寒风卷着，打在脸上如利刃般疼。我和王默艰难地走在放学的路上。忽然，前方一位老奶奶跌倒在一块结冰的道路上。王默见了，急忙走上前去要扶老奶奶，我由于担心惹上麻烦，慌忙拉住她说："快走，不要管，会被别人误会是我们撞倒她的。"而她却说："不行，老奶奶这样很危险，没人管她，她会冻生病的。"她的声音很坚定，像个巨人般充满了力量。我拗不过她，便和她一起走到冰面上，颤颤巍巍地把老奶奶扶起来，并帮助老奶奶回到了家。

王默学习刻苦，还喜欢助人为乐，在大家的眼里，她是那样的笨和傻，但恰恰证明了她有一颗善良美好的心灵和高尚的品德。而这种品德值得我们每个人学习。

我 的 同 学

王志浩

029

我有许多关系要好的同学，但跟我最要好的却是我们班级的副班长——侯天恩。

在这个学期开学时，我的妈妈来接我，我和侯天恩一起出去迎接妈妈，结果正好和妈妈撞了个满怀。

回到宿舍，闲聊间，妈妈说想替我换一个住宿的地方，侯天恩告诉妈妈："阿姨，我们住宿那家非常好，不仅吃得好，还辅导我们学习，你就让志浩也上我们那儿吧！"妈妈毫不犹豫地接受了侯天恩的建议。于是侯天恩带着我和妈妈去了他们住宿的地方。到了目的地，妈妈惊奇地说："原来是两层楼啊，还真不错！不仅环境幽雅，还有学习的场所。"侯天恩带我和妈妈进了楼，楼梯虽然有些狭窄，但很干净，就这样我和妈妈被带到了男生宿舍。

　　侯天恩告诉妈妈："阿姨，我特意让我们房东阿姨给志浩留了一个位子，就在我的旁边。"妈妈当时就很高兴。是啊，在四年级，我刚转到这个班时，人生地不熟的我就和侯天恩成了好朋友，在学习上，他也没少帮助我，所以妈妈让我和侯天恩好好相处，现在又要住在一起，可称了妈妈的心。看着妈妈露出了久违的笑容，我心里也甜甜的。

　　吃过午饭后，我和妈妈、天恩一起去买学习用品。途中，妈妈一直在和侯天恩聊天，看着他们有说有笑的样子，宛如她们是母子，我倒成了多余的，我不高兴地冲妈妈喊了一句："妈妈，你们别说了，烦不烦啊！"妈妈看着我吃醋的样子不高兴了。可谁知侯天恩也回了一句："王志浩你怎么对你妈妈说话呢？"听了侯天恩的责怪，我更生气了。心里想：侯天恩真不够意思，这个时候还说我。可事后回想起来，我真是太小气了，天恩这样帮助我，我还吃妈妈的醋，怪罪天恩。

　　侯天恩我敬佩你，似乎你做的每一件事都是对的！你是我心目中的偶像，学习的楷模！

我的好朋友

刘士英

我的好朋友也是我的同班同学——梁春玲。她是一个明事理、落落大方的人。她有一双大眼睛，黑色的眼瞳闪闪发光，她的柳叶似的眉毛一看就很美丽。我们就如同手足一样，当我有困难的时候她总是帮助我。

有一次，我们去给她的妈妈送饭。在送饭回来的路上，天下起了大雨，我们没有带雨伞，艳茹说："我们把衣服脱下来放到头上顶着。"于是我们把衣服脱下来，顶在了头上，还一边走，一边唱歌。不知不觉就到了我家，我回家把伞拿来送她回家，在路上她总是把伞向我这边靠，而她却在淋雨，到家后她的衣服湿透了，而我的衣服并未被雨水打湿。

你看，我的朋友不错吧，但是我们的关系中也掺杂了一些不和谐的音符。

有一次，我们一起做作业，我有一道题不会做，我本想看一看她的作业，可是她拿书挡住了她的作业不让我看，我羞愧而又气愤地说："看一下有什么大不了的。"她说："不行，等我回去给你讲吧。"我一听不以为然地说了声："不用了，我用不起。"

从此，我不再理她了，她说什么我都像没有听见似的，放学后我独自一个人悻悻地回家了。虽然和其他同学有说有笑，但少了一个好朋友，我觉得好寂寞、好孤独。我的心里如同一团乱麻，陷入了难以解脱的烦恼之中。

我回家后，思考了许久，意识到是我的错，我应该去向她道歉。于是我便向她家跑去，在路上我只顾低头走路，不小心撞到了一个人，我抬头一看是春玲，只见她向我说了声对不起，并告诉我她是想上我家来给我讲题的。我看到她那坦诚的目光，我低下了头，并说了声"应该道歉的是我"，只见她接着说道："老师不是常说'知之为知之，不知为不知，是知也'吗？我们怎么能做'文贼'呢？"听了她的话我感觉自己无地自容。到我家后，她拿出书向我认真地讲解着，她讲的是那样认真，我听得是那样入神，一会儿我就明白了那道

 031

三分回忆，七分思念

题。

我的好朋友是那么善良，那么优秀，和她做朋友真是人生一大幸事！

同学，朋友

于 浩

每人都有一个好朋友，没有朋友的人会很孤单。我也不例外，我也有一个十分要好的朋友。他的名字叫吴宪。

他圆圆的脸，耳朵很小，鼻梁不高不低，一双小眼睛，好像在给你传递着智慧和友好的信息。

吴宪的脑瓜灵，反应快。每次老师的课堂提问，他总是第一个举手，而且回答得十分正确；课余时间，大家都喜欢和他讨论问题，他对知识的理解和掌握，使我们感到由衷的佩服。

他非常喜欢做数学题。尤其是奥数题。不管是炎热的夏天，还是寒冷的冬天，他都能坚持每天做二十道题。在他那卧室的桌子上，光奥数题的书就一大摞。

吴宪学习非常用功。他每天按时到校，上课用心听讲。有时下课后，别的同学都到外边去玩了，可他还坐在那里看书。每次放学回家，他总是先完成老师布置的作业，然后再预习第二天的功课。如果有时间，他还要看一些课外书。例如《中华A卷》《字词句段篇》《小学生优秀作文》等，都是他每天要做和要看的内容。为了扩大知

识面，他还让妈妈给他报了校外的作文班，经常利用节假日和星期天赶去学习。由于他学习非常用功，不管是每次的单元测试，还是期中、期末考试，他都能取得比较好的成绩。

如果说他在学校里是个爱好学习的好学生，那么在家里他就是勤劳节约的好孩子啦！

一次，我写完作业在家里闲着无聊，跑去找他一起玩。他正在房间里呼哧呼哧地喘着气拖地板呢。我说："忙活什么呀？你妈妈会做的。"他停下来，一本正经地说："怎么能什么事情都靠妈妈呢，我已经不小了，应该帮妈妈做点儿事情。"我只好在沙发上坐着，看他前前后后地忙碌。他擦完地板之后，又开始整理起房间角落里堆积着的报纸。我感到奇怪，说："这些都是废报纸，扔掉就行了。"他抬头看了看我，语重心长地说："于浩，把报纸扔了事情是很小，可是你应该知道这废报纸是可以回收的，回收废报纸是在为国家节约资源呢。"听了他的话，我不好意思地脸红了。

吴宪是我最好的朋友，我们在一个班，一个教室，还坐在一排。我们经常在一起学习，一起玩耍。他的身上有许多值得我学习的地方，我们互相关心，互相学习，互相帮助，永远都是好朋友。

一次难忘的成长经历

刘文旭

说起我的成长经历，我忘不了那次得奖，就是那次得奖才使我真正爱上了写作文！

今天是全校学生领通知书的日子。一大早，我就在爸爸妈妈的陪同下一起来到了母校。如果考不好怎么办？爸爸妈妈一定会很失望的。我的心里就像揣着一只小兔子，七上八下地直打鼓。我怀着忐忑不安的心情，独自走向学校。

来到班级，老师首先要求同学们都坐好，并当众宣布了同学们的考试成绩："曲鑫妍第一，刘文旭第二……"哇，我简直不敢相信自己的耳朵，是真的吗？我不是在做梦吧！记得大人们曾说过，在梦中掐自己是感受不到疼痛的，我连忙掐了一下自己的大腿，哇，好疼啊！这是真的，我竟然真的考了第二名。

念完名次后，就进入发奖环节了。老师为了鼓励我们，先给班级前三名同学各发了一张奖状（其中有我的一张），又给一些在本学期中明显进步的同学发了奖品，奖品尽管只有一个笔记簿，但至少是一种荣誉啊！

接下来又给五到十名的同学各发了一个日记本，看着他们拿着日记本我真的好羡慕，唉，老师真是不公平，给他们发了那么厚重的奖品，只给我们发一个小奖状！我狐疑着。

"最后让我们隆重地请出班级的前三名同学！"老师要干什么？为什么要我们上前面？正当我胡思乱想的时候，老师继续说道："这几名同学，经过自己的努力，最终脱颖而出，取得了优异的成绩，让我们向他们表示祝贺。老师这儿有几本作文书要奖励给他们，希望他们能再接再厉，取得更好的成绩，同时也希望他们能在这几本书的指引下，畅游于作文的殿堂！"说完老师向我们每人发了一本书。

我手捧着沉甸甸的书回到座位上。我用手心轻轻地托着，并翻到第一页。看着作文书，我的眼前又浮现出老师那慈祥的笑容，耳畔又回响起老师那亲切的话语。是啊！这哪里是一本书？这是老师对我满满的关怀和殷切的期望。

我好想对老师说：老师，是您的谆谆教导，使我的学习成绩逐渐提高，我一定会用我的好成绩来回报您。老师我一定不会辜负您的期望，我知道您想让我长大做一个有知识的人，谢谢您老师。

难忘那次贫困捐助

盛金颖

三月五日是我记忆当中最难忘的日子。

那天，学校里来了近二十名叔叔阿姨，他们每人手中拿着书包和台灯，书包里还装着文具盒等文具、用品。听老师说他们是特意到学校来志愿为学校贫困生捐款、捐物的。

在他们的无私帮助下，我们学校有上百名同学无偿地接受了他们的资助，还有十名同学获得每人二百元的捐款，我就是这十名同学中的一员！更荣幸的是那天我还代表全体受捐者发言呢！

当天，全校同学都在操场上站得整整齐齐，穿着干干净净的校服，迎接着叔叔阿姨们的到来，所有受捐的同学都站在队列的最前面，脸上露出了欣喜的笑容。

在嘹亮的国歌声中拉开了这次活动的帷幕，站在最前排的大姐姐们手捧着鲜艳的红领巾，走到叔叔阿姨的面前，为他们佩戴上。叔叔阿姨们则用手轻轻地爱抚着，就像抚摸着什么珍宝似的，爱不释手。

接下来由马校长致开幕词。马校长那铿锵有力的话语在操场上空回荡着。那个场景至今印刻在我的脑海中。

之后，就是由叔叔阿姨们为我们这些贫困儿童捐钱、赠物了。鲜艳的红领巾在风中飘扬，格外醒目，虽然天气格外寒冷，但我们手捧着这些捐赠品，却感受到别样的温暖。

最后，我还代表上百名受助者发表了感言，并接受了市电视台的采访。

亲爱的叔叔阿姨们，是你们给了我们发奋图强的勇气和力量。请你们放心，我们绝不辜负你们对我们的殷切期望，我们会用优异的成绩来回报您的爱心，谢谢你们，谢谢！同时，我们一定会将这份爱继续延续下去，用我们的爱心温暖更多需要关爱的孩子们！

三分回忆，七分思念

036

曲鑫妍

今天，我在帮着妈妈打扫房间时，无意间翻看起相册，其中一张照片映入了我的眼帘，让我记忆犹新。照片上那一张张可爱的笑脸，我的班长刘文旭、中队长盛金颖那一句句朴实的话语，都深深地印在我的脑海里。

这张照片是我们三个一起主持元旦联欢会时老师给照的。说起这张照片还有一段小故事呢！

记得在元旦的前一天，老师给我们三个打电话，要求我们用一个晚上的时间来组织一次联欢会，当我们三个接到老师交给的任务时，既兴奋，又紧张，埋怨老师为什么不早说，短短的一天时间对于我们四年级的小孩子来说怎么可能准备好？

是啊，紧张，可是老师交给的任务还是要完成的。幸好上学期我参加了朗诵班，有点儿基础，经过一个晚上的时间，一台异彩纷呈的联欢会准备好了。

第二天，我们站在了主持人的位置。因为这是我们第一次主持，你看我们三个多认真啊，由于我们太投入了，还赢得了同学们的阵阵掌声。

在"咔嚓"声中，照片诞生了。当老师把照片给我们看时，我无比激动，这时我才真正明白老师的用意，他并不是要刁难我们，他是在有意地锻炼我们啊！

看着这张照片，我仿佛就是一名出色的主持人，正手持话筒站在中央电视台的舞台上主持着重要的晚会。啊，我一定会成为一名优秀的主持人，我要为我的梦想努力下去！

037

是您的一番话让我感动

周宝行

今天，我们班要来个大扫除，地点是厕所后面的小门里。

因为是星期五，很多同学都要回家，所以没有几个人留下。看着同学们渐渐地离去，再看班级内仅有的几个人，我想：老师每天为我们的学习操碎了心，今天他还要亲自领着我们大扫除，尽管我也很想回家，但是我还是决定留下帮助老师分担一下。

三分回忆，七分思念

站完岗后，老师领着我们几个小伙子来到了厕所后院，老师还吩咐我去打更的顾爷爷那里取钥匙。我找到顾爷爷说明情况，顾爷爷亲自来为我们开的门，我们一看惊讶得不得了：那里全是树叶（因为那里栽着许多白杨树，树上的叶子全落光了，地上的落叶足有五厘米厚），看着那满地的落叶，同学们似乎发起愁来。

"小伙子们，拿出你们的豪情来，咱们一起干吧！"随着老师的呼喊，我们拿起手中笤帚一起干起来，一会儿就扫出一片空地，树叶被扫成了堆，有两个女同学往袋子里装，男孩子们就往外扛。

突然间一口深井映入了我们的眼帘，看着深不可测的枯井，老师嘱咐着大家："孩子们，千万不要靠近，如果掉下去了，就不得了了。"不知是谁打趣地问了一句："老师，如果我们真的掉下去会怎么样呢？""如果你真的掉下去，老师就跳下去陪你们！"老师接了一句。

038

老师的这句话虽然令我将信将疑，但我看得出老师是认真的，这句话如针扎一般刺痛着我的心，我们有这样的老师，还有什么理由不好好干呢？于是，我不知不觉更加卖力干起来。

也许是落叶被我们这些如刚出生牛犊一样的壮小子们吓住了，纷纷往袋子里钻，一会儿落叶扫光了，我们又搬起水泥砖来。

活干完了，我们背起书包高高兴兴地回家，在路上我还在回味着老师那句令人热血沸腾的话，因为它将一直激励着我！

丢 手 绢

盛金颖

在洒满阳光的草地上，处处充满了欢笑声。看，这么幼稚的游戏我们却玩得异常开心！

午饭后，我和言、颖一起来到学校，远远地就看到老师和同学们在做游戏。于是我们也走过去，找个位置蹲下来。因为是在玩丢手绢，所以每个人都做好容易站起来的动作，但是我却慵懒地坐在草坪上，享受着阳光的沐浴。我怀着侥幸的心理：这么多人玩丢手绢，应该不会那么容易就丢到我这里。正想着，却不知手绢早就乖乖地躺在了我身后。"妍，快跑啊！"见我半天不动，坐在我旁边的颖着急了。嘿，怎么回事？我回头一看，被当成手绢的那鲜红的红领巾果真躺在我身后。

"谁丢给我的？"我问道。还没等颖回答，把手绢丢给我的那个人便在一旁挑衅我："来呀，来呀！"我一看，竟是李金洋。就他那短手短腿的，还胖胖的，我一定能捉住他，我起身，迈着轻盈的步子跑向李金洋，可他跑得真快啊，就差那么一点儿就抓住了。唉，我丢给谁呢，我绕着大家转着圈，直到走到刘文旭那里。"给我吧！"我想也没想，就给了他。可我没跑出两步就被捉住了，这下我可知道什么叫自作自受了，呜呜。

三分回忆，七分思念

自从李金洋把手绢丢给我之后，又有许多人陆续丢给我，我连歇息的时间都没有，丢了不止十次，我筋疲力尽地坐在草坪上。可不知道是谁又再次把手绢丢给我，我拖着身子慢慢地走，就在这时，上课铃响了。哈哈，真是天助我也，连老天都心疼我了，我高兴地回了班级。

丢手绢这个幼稚的游戏却让我们找回了小时候无忧无虑的生活，找回了儿时的快乐。

有趣的游戏

滕禹豪

040

今天的天气真是好，万里无云，在老师的组织下，全班同学玩起了丢手绢的游戏。虽然草坪不像以往那么干净，还略带潮湿，但是大家的热情依然不减，激情已经完全蒸发了潮气。

刚开始玩的时候，本以为会很有意思，但过了很长时间，大家好像把我和艾长旗当成了空气，根本不传给我们。

真是没有意思，我和艾长旗在原地闲聊。但不知被谁打破了僵局，我真的很感谢传给我的人，因为他，我不再感到这个游戏的无趣，但当我回过神来时，啊！他已经回到了自己的座位。我开始传给别人，我为什么没有传给艾长旗呢？是因为他跑得太快，追到我可就惨了，我又传给周宝行，因为他跑得没有我快。又过了很长时间，还是没有轮到我，但老师给了我一个机会。我心想，老师给我机会是为了让我们每个人都能玩得开心吧。那我也去帮助别人，我看了一圈，

邓成良似乎已经好久没有被丢到了，他一定也很无聊吧。于是我把手绢丢到了他的身后，但是据我观察，他似乎并不高兴。正当我纳闷时，旁边的马明宇催促邓成良抓紧时间跑，邓成良终于拿起手绢来追我了，当我回头看时，发现正在起跑的他脸上露出了笑容，这说明他还是乐意接受我的"帮助"的。

玩游戏时，开心最重要，我们不能只注重自己开心，只有每个人都参与进来，共同玩耍，才能让这个游戏更有意义，同时也教会我们一个道理：我们是一个集体，只有让每个人都在集体中找到归属感，才能发挥更大的价值。

课堂上的战斗

丁一健

041

今天是星期三，我和其他同学准时来到了作文班。

作文老师先讲了一些优秀的作文。讲完后，老师说："我们一起来做个'抢凳子'的游戏吧。"这可激发了我们的兴致。我们高兴地准备应战。

第一次，老师说选比较高的同学比赛。所以，没有选到我，经过一次次比赛，冠军是他们中间最高的人。

第二次，老师说选女生，就更没有我的份了，但我依然很兴奋。最后，胜利者是我们作文班的课代表。

第三次，老师选较矮的同学参战，幸运之星自然就落到了我的身上。游戏开始了，我的心里像揣着个小兔子似的，扑通扑通直跳，生怕被淘汰，但幸好我坐上了一个板凳，我顺利晋级了。

　　第二轮比赛就更激烈了，但我还是抢到了凳子。此时有两个同学同时坐在了一个凳子上，老师只得让他们用"石头、剪子、布"来分胜负，又一个同学被淘汰了。第三轮只剩下四名同学和三把凳子了，我们都紧紧贴着凳子走。老师一喊"停"，我就坐上了，而想跟我抢凳子的那名同学见我坐上了就坐到了旁边那把凳子上，这时旁边两个女生还在争呢，他可真是坐收渔翁之利了。第四场，我还是顺利地抢到了一把凳子，这时就剩下了我和宋宇坤同学，也是最后的决赛了。我全身都绷紧了，像一块石头一样，而我的对手似乎也毫不示弱。游戏开始了，我们都紧紧围绕着那唯一的凳子转，好像它是一棵救命稻草一样，可是，虽然我千防万防，但还是防不胜防啊！最后一刻老师喊"停"时，凳子正好在他那边。虽然这场游戏我带了几分遗憾离开，但我还是很兴奋，实在是太惊心动魄了。

　　时间过得飞快，转眼间，作文班放学了，我们依依不舍地回家了，但我依然陶醉在这场课堂上的战斗中，我真希望时光能倒流，再回到这场游戏中。

课堂上的快乐

付满昌

　　"丁零零……"伴着放学铃声响起，我们作文班的同学不约而同来到了这个熟悉的班级——作文班。

今天，这个热闹的作文班又来了几位新成员，我们高兴地等着老师的到来。这次的作文班跟以往有些不同，老师居然让我们玩"抢凳子"的游戏。

同学们都踊跃地举了手，结果是我、徐政峰、葛升等六名同学被选中。我们焦急地等待着老师的口令。我的心怦怦直跳，紧张极了，生怕自己被淘汰。唉，越是紧张越容易惊慌失措。结果在第一次试抢中，我、徐政峰和葛升三人坐到了两个凳子上，为了公平起见，老师要求我们三人用猜拳的方式比输赢。

结果怎样呢？

很不幸，我因"石头、剪子、布"的环节而退场了。我当时沮丧极了，心想："明明是葛升硬挤的，又得石头、剪子、布来比输赢，真是太不公平了。"唉，不管怎样，我是输者，我只能眼巴巴地望着其他同学玩了。我的心情也只有体验过失败的人才能体会到。突然，一个念头从我脑海中闪过：能不能跟老师说葛升玩赖呢？我当时真的很想申冤，可是我最终没有鼓起勇气。算了，都怪我没有挤过别人，愿赌服输，并且这只是一场游戏而已，友情才是最重要的，如果为了赢得比赛，而伤了同学之间的情谊，那就太不值得了，我还是乖乖地做他们的小观众吧！

这场游戏虽然过去了，但是游戏的气氛还在我的脑海中萦绕。这种儿时的快乐体验深深地印在我的脑海中，这种快乐能让我忘记所有的烦恼！

那一刻，我好紧张

李都鹏

　　"丁零零……"上课铃声紧张地打响了，同学们回到座位上。

　　考试，这重复了一次又一次的画面。"唉——"已有同学发出无奈的感叹。"'反恐战争'现在开始！"有的同学竟淘气地喊道。尽管他大声喊叫着，试图想发泄考试带来的烦恼，可也没有人回应，因为大部分人都在"临时抱佛脚"——眼睛直勾勾地盯着复习资料。

　　此时此刻，我就像热锅上的蚂蚁。那颗心平常是平静的，此刻却在忐忑不安地跳动着。忽然，我看到有的同学居然在玩，这令我费解，我小声嘀咕着："怎么他们在玩？难道都学好了吗？"监考老师走了进来，同时还带来一阵"阴森恐怖"的凉风。"大家都是考试的老手啦，规矩就不用我多说了，如果有人胆敢作弊，让我逮着，嘿嘿——"老师一阵坏笑着说，"严惩不贷！"监考老师放出狠话后，我们的心更加"怦怦"地跳起来，试卷被一张张发到了我们手中。当试卷发到我手上的时候，我看了一眼，心想：这也太难了吧！这是小学生该答的试卷吗？

　　可我们无从选择，只能答卷。半小时过后，我看到大家都抓耳挠腮的了，有的竟然传起了纸条。我也有了传纸条的念头，但看着老师那锐利的眼神，便打消了这不光彩的念头。又过了二十多分钟，眼看考试就要结束了，我终于忍不住了，歪着头想和最要好的朋友对答案，可我们刚刚对上暗号——同时打出"OK"的手势，"咳——咳咳！"老师的几声咳嗽把我吓得腿都颤抖了，我立刻转过头，假装认真地写了起来。

一场折磨人的考试终于结束了，那一刻好紧张。这时，我好奇地去问刚才玩的同学考得怎么样，他们的回答耐人寻味："我们是差等生，只要及格就行了。"想想我自己，肯定连八十分都打不上了，唉，以后长点儿记性吧，考前临时"抱佛脚"是没有用的。

那一刻，我好感动

尚美辰

总有一件事，让我们久久难忘；总有一件事，震撼着我们的心灵；总有那么一个人，让我们感动于友谊的珍贵。

我的同桌叫肖琳，一双大大的眼睛如两汪泉水，闪着智慧；一头漂亮的长发如黑色瀑布，落在肩上。男生私下里称她是"班花"，平心而论，她无愧于这个称号。可是，这样一个人，当老师把我俩调到一起做同桌时，我却彻底失望了，因为她——超冷漠，一点儿都不热情不说，成绩还那么棒。平时，妈妈总拿她来和我比，这使我对她产生了嫉妒。

那天，我们像往常一样上完音乐课从音乐教室回到班级上自习。我有些闹肚子，但我还是想能忍多久就忍多久。可我越忍越难受，还想吐，最后，我以去卫生间的名义去吐了。回到教室，我的脸色十分难看。我不停地喝水，想用水把难受的感觉压下去。这时，同桌终于说话了，她问我："你怎么了？脸色这么难看，还有，自习课上是不能喝水的。"我被病痛折磨得够烦了，她还这么爱管闲事，我没好气地说："要你管！"可屋漏偏逢连阴雨，我的话音刚落地，一个没忍住，我就吐了出来，脏物溅得到处都是。这下可惊动了全班，老师走了过来，让我快去卫生间。在我离开的时候，我看到同学们都捂起了鼻子，有的还窃窃私语着："什么味啊，难闻死了！"唯有肖琳，她不但没有捂鼻子，还去卫生间拿来拖布，清理着被我弄脏的地方。清理完后，又主动去水房帮我清理脏衣服。这让我十分感动，她其实是这样一个女孩儿，外表冷漠，内心却热得像一团火，只是这团火埋藏得太深，不容易被发现而已。我彻底被感动了，对她说："我以前都那么对你了，你还对我这么好，谢谢！"她却轻轻一笑，抬起头对我说："都是同学，应该的。"依旧是那么平淡，仿佛是她分内的事情一样，从此我们成了朋友。

　　就在我们的友谊刚建立不久，班级同学的座位又经历了一次"大迁移"，我和她又不是同桌了。但现在我们人分隔的虽然远了，彼此的心却近了。肖琳性格沉稳，正好和我的外向性格互补，我们成了一对最要好的朋友。我常常想，要和她做一辈子好朋友。

那一刻，我很尴尬

杨佳茹

　　尊老爱幼是一句普通的不能再普通的话了，从小到大老师和家长就经常教导我们一定要尊老爱幼，做一个道德高尚的人。可是当生活需要我们尊老爱幼时，我们真的能做到吗?

　　那是一个十分寒冷的天气，北风怒号，可是我还要上奥数班。每当风和日丽的天气我都会选择步行到奥数班，因为这样既可以锻炼身体，又可以为父母省下一点儿生活费。可今天的天气十分寒冷，所以我选择坐车去上学。

　　我在路边等车，可是等了好久，车还没来，我等得浑身被冻透了似的，心情焦躁极了。终于，一辆巴士缓缓驶进车站，等车停在我面前，我高兴地跳了上去。到了车上，我才发现车厢里非常拥挤，还好有一个空座位，我急忙坐了上去。车驶入下一站，上来了一位年过花甲的老人，这时车上已经没有座位了。老人身体摇晃着，似乎稍有不慎就会摔倒。此时，我真想站起来给老人让个座，但是等车时的疲惫让我又一想，别人也没有让座，我就装作看不见吧。这时，车子又一阵剧烈的摇晃，老人差一点儿摔倒。"老奶奶，您坐到我们这里来吧!"一个奶声奶气的声音响起来，原来是一个正依偎在妈妈怀中的小男孩儿。小男孩儿站起来，他的妈妈也站了起来，他们一起把老人扶到座位上。老人冲他们笑了笑，感激地说："谢谢你，小朋友。"男孩儿和妈妈也冲老奶奶笑着，他们这一幕好温馨啊！我想，这个男孩儿真善良啊，车里这么多人，怎么都不肯让出自己的座位呢？这其中也包括我在内。我脸上的表情那一刻讪讪的，浑身不自在极了，真怕有人看到这一幕啊！

让座，是一个普通得不能再普通的事情了，可是却也能考验一个人。那一天，我向自己交了一份不合格的答卷，以后可不能再这样了。

那一刻，我很坚强

张皓禹

我要做手术了。

就在前几周，我得了比较严重的感冒，打了六天针后，本以为一切都结束了，可我根本没想到，那天晚上我又患了急性阑尾炎。妈妈立刻带我去了医院。当确定必须马上做手术时，妈妈哭了，我感到吃惊、害怕，我怕我会死。

我坐在病房里，左看看，右望望，紧张的心难以安定下来。不一会儿，护士让我出去。我出了病房，看见了妈妈，她的眼神里流露出难过与悲伤。她领我到了手术室，等我看到"手术室"三个字时，反倒放松了许多，可我到了一台电脑面前时，这台电脑让我变得又紧张起来，因为上面有一行字："张皓禹，急性阑尾炎，魏小海……"我浑身立刻起了鸡皮疙瘩，心想：阑尾炎，难到就要切阑尾？阑尾到底长在哪里呀？忽听一声呼唤："张皓禹，进来……"是手术大夫叫我了。这时，妈妈拍了我一下说："儿子，要坚强，妈妈就在外面等着你。"进入手术室，我看到了好多器材，有的见过，有的没见过。我有点儿害怕，也有点儿着急，怕的是手术不成功而失去生命，急的是手术快开始吧，我好早一点儿让开刀之苦过去。可是，过了好一会儿，医生才到齐。我心想：不是说外科手术中，这个是最简单的吗？怎么这么多人？接着我又被叫到一旁，脱了衣服，躺在床上等着。大夫终于来了，在我的腰上打了麻醉针后，就正式开始手术了。虽说是麻醉，但我的头脑还很清醒，我想到妈妈的话，又想到麻醉了一半就开刀，不太符合常理吧……挨了一刀，身体立刻感到了疼，腿却感觉不到。我只感到胸口一直好痛，我忍着、忍着……直到手术结束。出了手术室，我在迷糊之中，听见妈妈在哭，我迷迷糊糊地说："没有事了，妈妈……"

几天后，我可以喝水、吃饭了，我活泼乐观的本性又暴露无遗。妈妈看着我，脸笑成了花朵一般。我想，我当时再疼痛，也比不上母亲在外面等待的心痛，我亲爱的妈妈。我想说，我对不起您，儿子让您担心了，我以后一定好好学习，做一个您所说的坚强的人。

049

我 们 班

雷钰娟

我们班的淘气家伙真不少，团结起来真要好，互帮互助真友爱，天真活泼笑开怀。

我们班的同学团结一心。我们班级的同学有一个共同爱好——打篮球。男生个个都是篮球迷，每当中午吃完饭来到学校时，球场上准会有我们班男生的身影。在老师的带领下，个个都很厉害，上一次和六年级学生进行了一场激烈的篮球大赛，由于时间关系，我们班和六年级打成了平手，如果时间足够，我们班一定会赢得比赛，因为我们有必胜的信念，那就是——团结就是力量。

我们班的同学懂得分享。老师和同学们一起设计了一个"红花园地"。每个同学的表现都会在这里展示出来。还有我们班同学在图书馆借阅的书，或者自己喜爱看的书，如果自己看完了，可以介绍给其他同学，大家一起分享，一起讨论书中的故事情节，有时候还根据书中的故事组织同学们表演出来呢。

我们班的同学互帮互助。有一天，我早上早早地就来到了学校，这时班级里已经有许多同学了。不一会儿，天空变了脸，顷刻间，便下起了倾盆大雨，其间还夹杂着冰雹。其余的同学陆陆续续来到了学校，只见许多同学早已成了"落汤鸡"。衣服、裤子都湿透了，就连鞋子里都倒出了水来。正所谓"一方有难，八方支援"。我们这些"幸免于难"的同学，赶忙帮助被淋雨的同学晾衣服、擦脸、倒鞋里的水，还有的同学把自己的衣服给被淋湿的同学穿。当时的场面好不热闹！

瞧！我们这个班是不是很友爱呢？我们班的同学个个都有优秀的品质呢！

我们班的特色

邓成良

各班都有各班的特色，当然我们班也有着我们班的特色。我们班同学有坚定的信念，有拾金不昧的品质，有坚强不屈的精神。现在听我一一说来吧。

我们班同学爱打篮球，已是不争的事实。记得有一次，我们班与五班进行篮球比赛，这也是我们班第一次和五班对决。他们班的同学个个都是淘气鬼，再看看我们班，虽然非常爱玩，但是个个身材瘦小。所以我们班同学根本没有抱太大的赢的希望。但是我们的老师一直鼓励我们，使我们鼓足了勇气，于是，我们班的篮球大将也都冲了上去，决定和他们背水一战。最后我们班带着必胜的信念赢得了比赛。

说起拾金不昧，就必然会想到我们班的隋文。在开学第二天，学校要收保险费，不知道哪位同学丢失了一百元，被隋文捡到了，但他并没有私藏起来，而是悄悄地把钱交给了老师。老师表扬了他，同学们也都向他竖起了大拇指，他这种拾金不昧的精神值得我们每个人学习。

坚强也是我们班的代名词。一次，我们在和别的班举行比赛时，同学周宝行被一个人绊倒了，疼痛使他无法立刻站起来，但他并没有

051

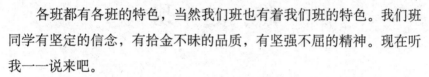

三分回忆，七分思念

抱怨，没有流泪，而是鼓起勇气，坚强地爬了起来。他向天空呐喊了一声，仿佛向上天借力，奋起向前冲了上去，打败了对手，这种坚强不屈、勇往直前的精神也是难能可贵的。

在我们班，有许多可歌可泣的精神，对我们来说，这是一种信念，是一种荣誉，是一种不断向上的力量。它值得我们每个人追求，并且不断地将这种中华民族的优良品质发扬光大，一代一代地传承下去。

瞧！这个班

张凤姝

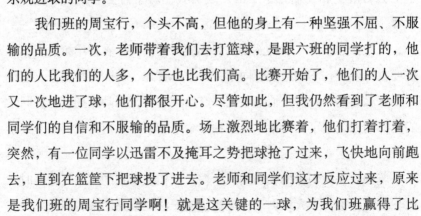

052

我们这个班，有一群所向披靡、不肯服输的同学；我们这个班，有一群勤奋努力、品学兼优的同学；我们这个班，有一群活泼淘气、乐观进取的同学。

我们班的周宝行，个头不高，但他的身上有一种坚强不屈、不服输的品质。一次，老师带着我们去打篮球，是跟六班的同学打的，他们的人比我们的人多，个子也比我们高。比赛开始了，他们的人一次又一次地进了球，他们都很开心。尽管如此，但我仍然看到了老师和同学们的自信和不服输的品质。场上激烈地比赛着，他们打着打着，突然，有一位同学以迅雷不及掩耳之势把球抢了过来，飞快地向前跑去，直到在篮筐下把球投了进去。老师和同学们这才反应过来，原来是我们班的周宝行同学啊！就是这关键的一球，为我们班赢得了比赛。老师夸耀周宝行身上有一股闯劲儿，一股不服输的精神。

我们班的同学曲鑫妍成绩十分优异，每次考试都名列前茅。有时候考试，有些同学看到考题，不知所措，急得像热锅上的蚂蚁，而她呢？沉着应对。很快，就交上了自己满意的答卷。这和她的勤奋努力是分不开的，她对待学习非常认真，每次遇到难题，她都认真思考一番，找出解题的方法。

每到课间时，课上安安静静听讲的我们，立刻变了身。安静的教室瞬间嘈杂起来。不见其人，便可闻其声。只听王朔和几个同学大声嚷嚷起来，我还以为发生了什么大事呢，原来他们在说笑话。另一边，只见陈阳和同学追逐打闹着，一边跑还一边做起了鬼脸，真够淘气的。

我喜欢我们班，因为我们班团结一致；我喜欢我们班，因为我们班勤奋上进；我喜欢我们班，因为我们班气氛活跃。

053

我爱我们班

高飞扬

我是一名实验小学五年（4）班的学生，我们是一个团结进取的集体，每个同学的身上都有着可贵的品格。

论坚毅的品质，首先想到的就是吴军了。有一次，我们班与六班进行篮球比赛，上半场尽管我们付出了很多努力，但比分仍然落后很多。同学们在中场休息的时候进行交流，总结着经验。但是下半场一开始就发生了意外，副队长周宝行在进行争夺时不小心摔倒在球场上，腿上掉了一大块皮，鲜血直流，场下的同学和场上的同学都为他捏了一把汗。只见吴军一手扶地一手扶腿慢慢地站了起来，头上汗珠滚落在球场上。他一咬牙又回到了比赛中，顿时场上送来了一片热烈的掌声。在吴军的带领和队友的努力拼搏下，我们班最终取得了比赛的胜利。

论热心助人，当然要数董洪伟了。一次，在课间休息时，我们班小胖墩李金洋在去厕所的路上不小心摔倒了，怎么也起不来，此时，正好董洪伟路过。由于李金洋太重了，董洪伟费了九牛二虎之力才把李金洋扶起来并将他送到了医务室。由于帮助同学，耽误了上课时间，董洪伟回到班级时被老师误解而受了批评，但董洪伟却没有解释，他认为，既然耽误了上课，就应该接受批评。在老师了解了真相后，表扬了他，他害羞而谦虚地低下了头。

说到拾金不昧，我们班的魏代霞和郑德雯同学，还被学校表扬了呢。一天课间休息时，她们俩去往厕所的路上，远远望去，地上安静地躺着一百块钱。她们俩看到后，捡起来，主动交给了我们的班主任老师，于是老师在大广播中表扬了这两名同学。

这就是我们的班级——五年（4）班，我爱我的班级！

爱让世界更美丽

　　一座城，一种精神。吕希庆哥哥、周汝珍奶奶不过是我们这座小城好人的一个缩影，在他们的身后，还有很多人默默地奉献着爱……他们不是孤单的星辰，他们是一个庞大的群体。

摆地摊儿

乔小珊

我们每个人都买过东西，但是自己卖东西，还真是新鲜得很呢！

今天，学校通知我们要举行一次跳蚤市场活动，由全校学生参加买卖。

活动开始了，同学们都迫不及待地带着自己的闲置物品来到操场上，安静的操场顿时热闹了起来。不一会儿，大家都把自己的摊位摆好了，有的把货物摆在自己的"柜台"小桌子上，有的则摆在草地上，俗称"摆地摊儿"。各式各样的货物让人眼花缭乱。有的同学卖的是玩具，有的是故事书，有的是自己画的画……

我迅速地摆好我的货物。旁边的同学开始吆喝着："好玩的玩具哟，物美价廉，快来瞧一瞧呀！"俨然一副"小老板"的模样。我也鼓起勇气，手里举着一本书，扯着嗓子开始吆喝："快来看一看呀，好看的《雪宝的平安夜》，只要一块钱，一块钱啊！"我喊了好几次，始终没有人光顾。这本书没有人买，那我换一本书好了。于是我又拿起一本书，继续吆喝着："《公主的故事》书，有兴趣的女生可以来看一看，只需一块钱。"这时我旁边的摊主王心如的小妹看见了我手里拿着的书，欣喜地跑过来问："这本书多少钱？""一块钱。"小妹妹就说："我要买。"我把这本书卖给了小妹妹。我非常开心，终于"开张"了，哈哈！四周张望时，我看到王心如的摊位上有一本《校园鬼故事》，我十分感兴趣，便从王心如手里买来了这本书。我正得意时，又来了一位小弟弟，然后对我说："姐姐，我能不能换呢？"什么？"以物易物"？我在心里琢磨着。然后笑着说："当然可以啦！"就这样，我把心爱的《校园鬼故事》换给了他。

这次活动，我非常开心。令我受益匪浅，我不但卖出去许多东西，同样也买到了许多自己喜欢的东西。这次活动不仅仅是一种娱乐，它同时也是一次对自我生活能力的考验。

跳蚤市场

张　傲

057

"妈妈，今天下午我们要亲自体验卖东西啦，我要卖些什么东西好呢？"我回到家急忙和妈妈说。妈妈听了后，高兴地帮我寻找可以卖的物品，然后欣喜地把几本书和文具用品塞给我，说："下午你拿这些去卖吧。"

我来到操场后，竟开始紧张起来。我有条不紊地摆好自己的摊位。我和其他两个同学坐在了一起，他们刚一坐下就开始吆喝起来，引来了许多顾客。哈哈，想不到不用我出力，就为我招来了顾客，一位同学来到了我的摊位前，问："这个《查理九世》几元？""五元钱。""太贵了。""那你能给几元？"我试探着问。"三元。""不行，不能卖。"经过一轮被"砍价"，我还是没有放弃自己的"原则"。于是,第一个顾客就这样走了。我有些失落,随后便来了另一位顾客,问:"《查理九世》几元?""五元。"我和上次一样答道。"那边才卖两元啊!"他冷笑着反驳道,便转身离开了。这时,我开始焦虑起来,等了许久,才等来第三位顾客。我在心里呐喊道:真希望这一次能把书卖出去!"《查理九世》多少钱?""五元。"我斩钉截铁地说。"能便宜点儿吗?"他用恳求的眼神看着我。"那好吧,四元卖给你吧。"我做出了让步。他没有再还价,很高兴地把钱递给了我。啊!我终于卖出去一本书了!突然有一种如释重负的感觉。

看看周围一片热闹的景象,吆喝声,讨价还价声,嬉笑声,充斥着整个校园。我有点儿坐不住了,我让同伴帮我看着摊位,去其他摊位瞧一瞧。看着同学们卖力地拉拢顾客,介绍产品,而顾客或犹豫不决,或据理力争的样子,实在有趣。时间在一分一秒中流逝,这次意义非凡的义卖在欢声笑语中拉上了帷幕。

今天的跳蚤市场让我明白了,无论做什么事都要鼓起勇气,不怕困难,并且适当的时候可以"退一步",灵活地处理问题,只有这样才能更好地直面以后的生活。

合作的力量

于欣悦

今天,升国旗的时候,寒校长说:"今天下午举行跳蚤市场,四年级和五年级同学，把你们玩过的玩具和看过的书拿过来，一年级到三年级的学生，把你们的东西互相交换。"我们一听乐得一蹦三尺高。

虽说这件事让人很高兴，但是我思前想后，这事儿没那么简单哪！一个人根本拿不了几样东西啊！有些想卖的东西，比如小饭桌、书本，太多了根本提不动。唉，我的激情一下像被泼了冷水一般，瞬间心灰意冷了。后来我想到能不能和其他同学合作呢？于是，我问老师说："老师，能跟同学们一起合作吗？"老师点了点头说："当然可以啊！"我听了后十分高兴，心中的大石头终于落地了。这时，一旁的同学张静怡走了过来，手上拎着东西，我试探着问她："张静怡，咱俩合作吧！""行啊！"张静怡爽快地答应道。真是太好了！随后老师领着我们到操场上，我们在草坪边儿上。张静怡首先拿出了坐垫，然后拿出了几支钢笔、油笔、自动铅笔、固体胶、剪刀、彩胶、大扇子、漫画书等，我也取出了我从家里带来的物品。伴随着音乐声，大家大张旗鼓地推销起了自己的商品。有的人卖洋娃娃、小汽车、乐高玩具，等等。几个同学听到我们的叫卖声后，便来到跟前左看看，右瞧瞧。大家争先恐后地吆喝着。见没人买我们的商品，我们使出"撒手锏"："清仓大处理。一块钱了，全部一块钱，便宜处理，绝对物有所值。快来买呀！"这一招果然有效，许多同学都来我们这儿买东西。摊位前排起了长龙……很快，我们的东西都卖完了！我们合作得非常愉快。最后我们挣了不少钱，我们都兴奋极了！

通过这次活动，我体会到了劳动人民的艰辛。让我懂得了，所有的获得都是通过努力付出得到的，只要用心付出，就必然得到回报。

新的体验

李玥含

今天下午，第二节课上课时，老师告诉我们一个令人振奋的消息，她说："今天下午第三节课你们要出去卖货，当一次小商人。""耶！"我们异口同声地欢呼。到第三节课，我们都拿好了自己的小商品。我、田睿曦、张傲，我们三个人一起合作。

我们兴冲冲地来到草地上，把货物都摆好了后，就开始叫卖。可是，过了好久我们都没有卖出去一件物品。"我们怎么还没有卖出去呀！他们都快卖完了。"我焦急地说。"可能是我们的商品摆得不够整齐。"田睿曦猜测道。是吗？这理由也太牵强了吧！唉，先瞧瞧别人的摊位吧。我们仔细地观察别人的摊位，发现别人的货物确实摆得比我们的整齐，而我们的货物横七竖八地躺在那里。谁让我们都"不拘小节"呢？于是，我们动起手来把物品摆放得整整齐齐。可是，又过了好久我们依然无人问津。"我们摆得已经够整齐了，为什么还是没有人来买呢？"张傲坐立不安地问。我突然发现一个"致命"的问题——我们三个"闷葫芦"只是傻傻地坐在这里，也不招呼一声，怎么会有人过来呢？"我们得喊一喊！"我提醒道。"我们来试一试吧！"田睿曦鼓起勇气说。"瞧一瞧，看一看了，走过路过千万不要错过呀！过了这村就没这店了。"我小声地喊。田睿曦看出了我的胆怯，对我说："不要害怕，大声喊出来就好了。"我的嗓音一点点提高。我们三个大声地吆喝着，仿佛要把所有的吆喝声都盖住似的。果然，我们的声音把顾客都吸引了过来。我们的摊位前已挤满了人。就在这时，我听到旁边摊位的杜嘉依说："切，有什么好得意的！"看得出她那里很冷清。我走了过去，我对她说："我们一起合作吧，相信我们一定能吸引过来更多的人。""好，好吧。"杜嘉依又兴奋又难为情地说。我带着鼓励的语气说："合作愉快。"我把她领过去，于是，我们四个一起喊着："瞧一瞧，看一看了，走过路过千万不要错过呀！过了这村就没这店了。"我们几个合作得非常愉快。

通过今天卖货这件事情，我明白了一个道理，有些看起来十分容易的事情，做起来却很难。只要认真思考，发现问题，鼓足勇气，同时具有团结协作精神才能取得更大的成功。

《小木偶的故事》续写

张峻赫

自从小木偶会哭，会笑，会生气，也会向别人表示同情和关心后，小木偶过上了实实在在的生活。

有一天，小木偶和小白兔玩起了捉迷藏。森林里景色太美了，小河清澈见底，花儿开心地仰起头，大树兴奋地撑开了巨伞。

"风景真是优美啊！"小白兔感叹道。"嗯嗯，是的。"小木偶点头回答道。"小木偶，不如我们不玩捉迷藏了，咱们画画呀？""行啊行啊！"小木偶高兴地答应道。由于遗传了老木匠的特长，小木偶画的画可好看了，像真的一样。小木偶看了看小白兔的画，画得很难看。小木偶去拿小白兔的画，想和自己的比一比，小白兔不给它，它们用力一拉，画被扯成了两半。小白兔气得火冒三丈，说："哼，我以后不跟你玩了！"小木偶认为自己不是故意的，瓮声瓮气地回答："不玩就不玩！"然后它们就各自气冲冲地回自己家了。

晚上，小木偶躺在床上怎么也睡不着，它想到小白兔不理自己了，便伤心地哭了起来。空气中弥漫着一股伤心的味道。小女巫闻到这种味道，来到小木偶的身边。"小木偶，你为什么还伤心啊？""因为我的朋友不理我了……"小木偶把事情的经过跟小女巫说了一遍，小女巫温和地说："小木偶，跟朋友相处，不仅仅要会哭，会笑，会生气，会向别人表示同情和关心，还要有一颗宽容的心啊！"小木偶听了小女巫的话，瞬间明白了，它决定向小白兔道歉。

第二天，小木偶来到小白兔家，认真地对小白兔说："我不该向你炫耀自己的画，我还把你的画扯坏了，对不起，我教你画画吧！"小白兔听了后说："我也有不对的地方，不该那样和你说话。"小白兔也原谅了小木偶。从此，小木偶和小白兔成了形影不离的好朋友。

小木偶因为又学会了宽以待人，所以结识了更多的小伙伴，有小鹿、小猴子、斑马，等等，它们天天在一起玩耍，生活得更快乐了。

《乌鸦和狐狸》续写

张静怡

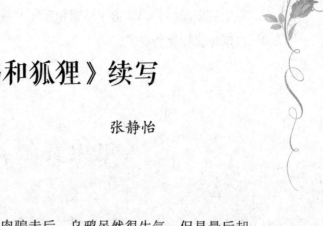

　　上次狐狸把乌鸦嘴里的肉骗走后，乌鸦虽然很生气，但是最后却以宽容的心原谅了狐狸。谁知道狐狸竟不知悔改，还是想方设法骗取乌鸦得到的肉。一次，狐狸又开始花言巧语地想要骗取乌鸦嘴里刚得到的肉，由于乌鸦上次得到了教训，所以这次不再听信狐狸的话了。就这样狐狸的计划泡汤了。

　　狐狸特别生气，于是就打算把乌鸦吃掉，以解心头之恨。几天以后狐狸把乌鸦引到了小河边，狐狸本来是要在河边把乌鸦吃掉的，就在它向乌鸦扑过去时，乌鸦突然飞了起来，狐狸一下子扑到了河里，弄得狼狈不堪。狐狸的计划又失败了。

　　狐狸还是不甘心，又过了几天以后，狐狸把乌鸦叫到了家里，假装请求乌鸦的原谅。狐狸把提前准备好的毒蛋糕拿给乌鸦品尝，还告诉乌鸦蛋糕非常好吃，是特意为乌鸦准备的，以此来表明自己的诚意。俗话说，吃一堑长一智。乌鸦已经看出了狐狸的诡计，说："我们是不吃蛋糕的，谢谢你。"狐狸非常生气，于是又去厨房准备给乌鸦拿一块肉，狐狸心想：这回它肯定会吃了。乌鸦虽然看穿了狐狸的诡计，但仍然不动声色。当狐狸去厨房的时候，乌鸦便悄悄地飞走了，还给狐狸留下纸条，上面写着：你太让我失望了，我不计前嫌，

爱让世界更美丽

多次原谅你的过失，还和你做朋友，你却一而再，再而三地陷害我，从此以后我们不再是朋友了。

后来动物们都知道了乌鸦和狐狸的事情，从此以后，再也没有人愿意和狐狸做朋友了。

《龟兔赛跑》续写

金光涛

064

乌龟和兔子又来到了它们当年比赛的地方。"手下败将，你还敢来和我比赛？"乌龟骄傲地说。"我……我……我上次太大意了，这一次我一定能赢了你。"兔子小声地说。

"第二届龟兔赛跑正式开始。"小猴子裁判大声地说。"加油！加油！小乌龟加油！"小松鼠啦啦队大声地喊。可是，小兔子却没有啦啦队，也没有人给它加油。乌龟慢悠悠地走，而小兔子却迈开大步向前跑。很明显小兔子跑得很快，乌龟落后了。小乌龟喝了一口水也迈起了大步开始跑。

第一局结束了。小猴子裁判说："第一局小乌龟最先到达终点，虽然你先到的，但是你中间绊了一下小兔子，所以，这一局你们平手。""没关系，对付你这样的手下败将，我根本不用这么快的速度。"乌龟带着更加轻蔑的语气说道。"我是不会认输的。"小兔子并没有生气，而是温柔地说。第二局时，小兔子飞快地跑着，小乌龟也没有掉以轻心，也飞快地跑。可是，小乌龟太骄傲了，它一会儿喝

水，一会儿吃东西，一会儿休息……所以它落后了一大半。第二局是有障碍物的比赛，小兔子灵活地躲了过去，就当小兔子已经跑了一大半快到终点的时候，小乌龟才到障碍物处，由于小乌龟吃得太多了总是碰到障碍物，便躺下睡着了。"小乌龟加油！加油！"啦啦队的声音也越来越小了。就在这时，森林里的小动物们全部闻声而来，小熊、小象、小猫、小鸟等看到小兔子没有啦啦队，于是飞快地组建成了一支啦啦队。小兔子的啦啦队声音盖过了小乌龟的啦啦队的声音，就在小乌龟正在睡觉时，小兔子已经到达了终点。兔家族都欢呼雀跃起来，小乌龟才刚刚醒来。"今年的龟兔赛跑冠军是小兔子。"小兔子拿着奖杯走到了小乌龟的面前说："我们还做好朋友吧！""好吧！"小乌龟小声又难为情地说。说着，小兔子把奖杯放到了小乌龟的手里，说："这个奖杯是属于我们两个的。"它们成了最好的朋友。

　　它们约定明年还在这里比赛。同时，它们也明白了一个道理：友谊第一，比赛第二，无论多么大的比赛都不能伤害它们之间的友谊。让我们高呼：友谊万岁。

我爱秋天

金勇浩

　　秋天是个有趣、繁忙、美丽的季节。如果你不细细观察，很难发现秋天也有一番令人陶醉的景象！

霜叶红于二月花

秋天可不完全是"枯藤老树昏鸦"的景象。你可别忘了，它还有另一番迷人的景象呢！枫树的美此刻异常耀眼，它的叶子火红火红的。瞧，远远望去，那一片枫林，宛如一大团燃烧的火焰，染红了天际。一阵风吹过，那凋零的枫叶像一群翩翩起舞的蝴蝶在空中旋转飞舞，美丽极了。而飞落的枫叶还可以做成书签，可以做成贴画，也可以做成标本……

秋收万颗籽

秋天是一个丰收的季节。农民伯伯在春天辛苦种下的种子，到了秋天，便可以丰收了。一大片的小麦黄灿灿的，从远处看，像一张用金子做的巨大的毯子。香喷喷的果园里，有红苹果、橘子、石榴、李子……你看那红彤彤的苹果，像羞红了脸的小姑娘，扭捏着身子。黄澄澄的橘子倒像个小小的太阳，散发出耀眼的光芒……农民伯伯们在田间忙碌着，不辞辛苦地劳作，即使汗水浸湿了衣衫，也难掩心中的喜悦之情。

菊蕊独盈枝

秋天的时候，百花凋谢，而菊花这时开得最旺。它的颜色可谓各式各样、五彩缤纷。有红的、黄的、粉的……菊花与梅兰竹相比，可是花中"君子"呢！菊花还有着坚强的品质。每当遇上秋霜时，别的植物都躲起来懒洋洋地睡大觉，只有菊花抬着头、挺着胸像个战士一样守卫着家园。

我爱秋天那火红的枫叶，爱它的芳香田野，更爱它那独特的气质。

秋天的美景

田睿曦

炎热的夏天刚刚过去，美丽的秋姑娘正拖着长长的叶子偏偏袭来，为我们带来了凉爽的秋天。

走进乡间小路看到一棵棵低垂的杨柳，它们聚在一起时，多么像守护小路的卫士呀！

走进一片枫树林，就看到一片片红似火的枫叶，散落在地面的枫叶像是给大地铺上了一层红毯，捡起一片，细细观察，上面布满了纹路，就像小手上的线。

穿过乡间小路，眼前是一大片田野。成熟了的玉米高粱像金子一样铺满了大地，一阵阵风吹过，起伏的麦浪犹如金色的海洋，黄灿灿的，美丽极了。

走过田野来到了果园。黄澄澄的大梨、红红的苹果，还有诱人的橘子，它们就像一个个调皮的小娃娃对着我笑呢。

来到了菜园，包菜就像一个个充满了气的大皮球，萝卜像和人们捉迷藏一样在土里埋着，紫色的茄子、红绿的辣椒，还有白绿相间的大白菜都在等着人们收获呢。

随风飘过来一阵阵花香，不知不觉来到了花园。秋天的菊花，红的似火、粉的像霞、白的如云，美丽极了。不由得想起了唐朝诗人元稹的一句诗："不是花中偏爱菊，此花开尽更无花。"

秋天虽然没有春天那样百花齐放，也没有夏天那样热情豪爽，更没有冬天那样别具一格，它虽朴实无华，但给人们带来了丰硕的果实，依然能够为人们带来无穷的欢乐。

秋　雨

迟明昊

068

我喜欢秋天，喜欢它的凉爽，喜欢它的沉淀，更喜欢它的真诚。它没有春的缠绵，夏的狂热，冬的冷漠，犹如原野上时而奔跑跳跃、时而戛然而止的骏马，犹如饱经沧桑豁达开朗的大将军，犹如从容划过夜空的流星……可我更喜欢的还是秋天的雨。

金黄的田野上雾茫茫的，这雾一直延伸到天空，雨滴像伞兵一样排着队从天而降。好像是因为秋的到来，也变得成熟而稳重，不慌不忙地落到房子上，落到树枝上，也落到地上。"唰唰""嗒嗒"，雨滴像个演奏者，落到不同的地方发出不同的声音，演奏出不同的旋律。接着，田野的黄，山坡的枫叶红，都因为这音乐变得清晰起来，矍铄的精神头儿提醒人们，是丰硕无比的秋来了啊！

晨起，我听到"嘀嗒嘀嗒"的声音，打开窗户，看见地上湿漉漉的。下雨了，路上的行人纷纷打起雨伞，在马路上汇成一条五颜六色的伞花风景线在流动着的，那便是一幅美妙的秋韵图，看了使人心旷神怡。

在初秋的时候，秋雨落下来，滋润着大地。庄稼因吸收了充足的水分而变得更加饱满，让人们在丰收的时候露出无比开心的喜悦笑脸。

秋雨是凉爽的，下雨把夏天的狂热赶走了；秋雨又是成熟而稳重的，它大胆地走上前去，迎接冬的冷漠。在这一年之中，许多人都盼望快点儿迎来秋天，又想让秋天更长一点儿，因为那是丰收的日子啊！

秋雨也是丰富多彩的。秋雨降落时，给叶子涂上了鲜艳的红色，粉红的、紫红的枫叶，像一束束盛开的花朵。"五花山"的美景，陶醉了多少爱秋的人！

听，外面又下起了凉爽的秋雨，让我们仔细聆听它动听的声音吧，去看它浇灌稻田、涂刷枫叶的景象吧，让我们去感受秋雨的魅力吧！

069

我喜爱秋天

张静怡

秋天，是一个丰收的季节。细细观察，这时，你可以看到一个"成熟"的秋天。

秋天有着它独特的音乐。此刻，大地沸腾了。站到田边，便能听到田野里到处是丰收的歌声。一阵风吹过，你听，那是稻谷摇着铃铛，发出阵阵响声，麦子在秋风的鼓励下，发出"唰唰"的声响，似乎在为它们伴奏。布谷鸟这时也赶来凑热闹，"布谷，布谷"地叫着。

秋天有一副美丽迷人的风景。在阳光的照射下，一望无尽的稻田越发灿烂夺目，就像满地的金子。田地里，稻谷弯了腰，像一个谦卑的老者，高粱举起火红的火把跳起舞蹈。大豆在阳光的照射下，咧开嘴，开心地笑着。

此时，一幅"秋日丰收图"映入眼帘。农民伯伯们来到田间，拿起镰刀，手起刀落，庄稼堆成的小山拔地而起。农民伯伯们放下割稻谷的镰刀，拿着毛巾擦干自己辛勤的汗水，笑容可掬地望着那丰收的田野，尽情地享受着丰收的喜悦。

别看秋天农民伯伯一个一个脸上挂满了开心的笑容，可是他们春天播种的时候很辛苦，每天起得很早，就去地里干活。太阳公公出来的时候，农民伯伯们汗流浃背，又累又热，烈日炎炎也要在地里继续干活。时不时还要去地里看看庄稼长得怎么样，需不需要施肥，需不需要除草……就这样一天一天，庄稼在农民伯伯的细心呵护、精心照顾下才茁壮成长，也才能有今天的大丰收。

这里，每一粒成熟的"果实"，都是通过辛勤的汗水换来的。这让我想起了一首诗："锄禾日当午，汗滴禾下土。谁知盘中餐，粒粒皆辛苦。"所以我们也在"成熟"起来，珍惜每一粒粮食，做一个懂得珍惜别人劳动成果的人。

我喜爱秋天，喜欢它的"秋实"！

爱让世界更美丽

张晓彤

我们赞美鲜花，是因为它的芬芳艳丽，让人赏心悦目；我们赞美树木，是因为它的生机盎然，让人蓬勃向上；我们赞美星星，是因为它的晶莹璀璨，让人遐思无限；我赞美那些普通的劳动者，是因为他们用爱，让我们的世界更温暖，更美丽。

我的家乡坐落在古老的大运河畔盘古爷的故里，这里风景如画，这里好人辈出。这是一座爱心之城，这是一座道德之城，在这个只有四十万人口的小县城，诞生了一个个感人肺腑的故事。周汝珍、吕希庆、何俊兰、尹升……他们是一群普通平凡的劳动者，但他们大爱无疆，用行动筑起了一座坚不可摧的爱心之桥。

吕希庆，感动河北十大年度人物。这个瘦弱的少年，八年如一日，用单薄的身躯背起残疾同学刘晓，上学放学、打饭、上厕所、交作业、到室外晒太阳、去校园参加活动等。

"你两手抓紧我的衣服，小心千万别摔着！我驮着你慢慢地挪动……"吕希庆不厌其烦地叮嘱着。那次刘晓拉肚子，吕希庆就一次次地背着他来往教室厕所，毫无怨言。

八年，整整八年，希庆的肩膀成了刘晓坚强有力的双腿；八年，整整八年，他用自己的炽热让这个残疾少年走出了黑暗；八年，整整八年，他只说过一句，"阿姨，你放心吧，学校里由我来帮助刘晓。"

"我遇到了他，改变了我的生活。希庆的友爱驱走了我生命中的黑暗，驱走了我的整个冬天……晴天的时候，希庆背着我走在阳光里；雨天的时候，希庆背着我走在泥泞中；每一天，希庆背着我走在温暖里……他不曾放弃过！他总是对我说，没关系……他的好，我都记在心里了。"这一页简单的日记，道出了刘晓的真挚的感谢，更道出了爱的美好。

周汝珍，一位六十多岁的老人，河北省道德模范。就是这位老人，二十八年来，先后伺候了一百七十多位老人，为一百四十九名孤寡老人养老送终。被她照顾的老人给了她一个响当当的称呼——"大孝闺女"。二十八年来，她舍小家顾大家，把满腔热忱奉献给了养老事业，把关爱奉献给了孤寡老人。冬天，在冰冷的水里为老人们搓洗衣服，双手龟裂；夏天，为病中老人洗身擦背，端屎端尿，常常是手脚麻木、腰间酸痛。

八十多岁的于金泉老人瘫痪在床达四年之久，刚一开始，老人精神烦躁，屎尿乱抓乱倒。周奶奶一声不吭地擦洗，收拾干净，坚持每天给老人洗脸、洗脚。久而久之，老人被深深感动了。老人临终前，拉着她的手，含着泪说："汝珍啊，我对不起你呀，你不是女儿胜似女儿……"

七十八岁的李家义老人患上脑栓塞瘫痪在床，产生了厌世情绪。周奶奶好说歹说就是不听，最后周奶奶双腿跪在了老人面前，老人一看感动得泪流满面说："我这把老骨头还让你这样担心，我真是不应该呀，我一定要好好活着。"

一座城，一种精神！吕希庆哥哥、周汝珍奶奶不过是我们这座小城好人的一个缩影，在他们的身后，还有很多人默默地奉献着爱……他们不是孤单的星辰，他们是一个庞大的群体。他们用爱打造了这个

小城的名片，他们把爱注入这座小城的品质里，我们有理由相信，这种精神一定会在这座城市永远传承！

他们是阳光，他们是雨露！因为他们，这座城温暖了起来；因为他们，这座城绚丽了起来！此刻我想放声高歌：只要人人都献出一点爱，世界将变成美好的人间……

爱心之城的凡人善举

高铭阳

祖国金鸡的脖子上有一个芝麻大小的县城——河北省沧州市青县。在这个不足五十万人口的小县城，一年之内竟然涌现出一千多位令人感动的模范代表。其中被省、市、国家表彰的就有二百多人。

在这些道德模范的引导下，我懂得了做人要孝敬、友善、诚实、节俭的道理。其中最让我敬佩的就是年过七旬的"大孝闺女"周汝珍。

说起周奶奶全县人都赞不绝口。当年四十四岁的周汝珍被调到了青县金牛镇康复敬老院，才工作了一个月她就想回去了。因为这里太累了。早上，五点钟就要起床，然后给老人喂饭，穿衣……可当她就要走的时候，一位老人竟为她跪了下来，求她不要走。周汝珍心一软，便留了下来。谁知这一干就是二十八年。

周汝珍奶奶今年六十多岁，她先后伺候了一百多位老人。又先后为一百四十九人送终，不管什么时候，只要有老人病逝了，她都坚持自己为老人剃头，穿衣，擦身体……在这个敬老院还有十多名残疾儿童，他们有的患有先天性心脏病，有的是智障儿童，还有的是聋哑人……但不论怎么样，周奶奶都把他们当作亲孙子对待。

最让我感动的是那次灌肠。周奶奶刚来敬老院时，院里的一位叫于军泉的老军人便秘。不能排便的痛苦使于军泉在床上不停地翻身，而且还伴随着痛苦的呻吟。周院长看在眼里，急在心上。她自言自语地说："必须灌肠才能排泄。"周院长第一次试着灌肠，由于缺乏必要的经验和技术，疼痛让脾气火爆的老军人一脚就把她踢出去老远。她趴在地上就哭了，那一刻周汝珍感觉万箭穿心。这时，做她助手的小丽忍不住哭着跑了出去。可是她还是强忍着委屈站起来。一个闪念让她想到的是她是一名共产党员，她必须站起来完成没有完成的工作。她重新操起灌肠器，以母亲的体贴和女人的温柔哄着老人继续灌。终于把药灌进去了，她想让药液多停留一会儿，用手堵着老人的肛门。老人突然挣扎，浓臭的粪水一下子喷了周汝珍一脸……就这样，周汝珍一直坚持给他灌了十几年。于军泉老人健康地活到了八十九岁，临终时颤抖地拉着她的手说："闺女呀，下辈子我变个牛吧，给你家耕地。"

在寒冰刺骨的冬天，周汝珍为了节约用水就在门口大河里砸了个大冰洞。在那里她一天要洗四十多件衣服。每次洗完衣服，她的双手都会冻得通红。可她依然双手一挥，毫不在乎。

青县好人多，好人在青县。青县也因为这些好人的存在，被称为爱心之城。来吧，让我们人人奉献一点爱，这里将会变成爱的天堂！

用爱心传承爱心

盛金颖

生活中处处充满爱，处处需要爱。爱心是沙漠中的一泓清泉，爱心是你忧伤时的一剂良药，爱心是当你遇到困难时，他人的伸手之劳。爱心是一种美德，爱心需要传承。

小时候，妈妈领我坐公共汽车，车上坐满了人，我和妈妈只好站着，一路上汽车颠颠簸簸，我颤颤巍巍地站着，由于我个子矮，够不到把手，我快要站不住了，就在这时，在我旁边坐着的一位阿姨站起身来，把我抱到了座位上。妈妈轻声对我说："快谢谢阿姨！""谢谢阿姨。"我奶声奶气地说道。"不用谢，不过你要记住帮助别人的同时也快乐了自己，知道吗？"听着阿姨的话，我似懂非懂地点点头。

慢慢地，我长大了，渐渐明白了这句话的意思，我决心要做一个像阿姨一样将爱心进行到底的人。

一次，放学后我和往常一样坐公共汽车回家，我看到一位老奶奶上车了，她慈眉善目，和蔼可亲。车上的座位已经满了，老奶奶只能站着，车子在路上颠簸着，老奶奶也随着颠簸的车子前后晃动着。

看着老奶奶艰难地站着，儿时那位阿姨说的话又重新在我脑海中盘旋：孩子，帮助别人的同时也快乐了自己，知道吗？对，帮助别人快乐自己！我立即站起来，轻轻地走到老奶奶面前："老奶奶您坐我这儿吧！""谢谢你啊，小姑娘！"老奶奶感激地说着。听到这声"谢谢"，我有一种满足感和自豪感，这种感觉真的是很奇妙。我想，我现在应该是爱心的传承人了吧，我要用实际行动将这种美德继续传承下去。

人的心灵，就像一朵小花一样，它不知不觉地吸收太阳的光，它永远需要太阳，需要太阳光辉。我们把吸收的"太阳光辉"——爱心，继续播撒在世间，传承下去，便是世间最美好的景象。

传递温暖

信彤彤

温暖，是冬天的阳光；温暖，是天使的垂爱；温暖，没有距离！

我们生活在一个温暖的家庭里，过着衣来伸手饭来张口的日子，每天都被温暖包围着！在你丰衣足食、享受生活的同时，有些人甚至还怨声载道，不知满足。你是否想过还有人生活上连温饱问题都没解决，而他们又谈何温暖呢？当上天把这份恩泽给了我们，我们更应该托起这份温暖，把它传递给更需要的人们。

何爷爷，家住在离我们学校不远的乡下，已经七十多岁的高龄，为了三个孙女仍然每天艰难地劳动着。最大的孙女十三岁，两个妹妹，一个八岁，一个五岁。一老三小四口人仅靠种几亩薄田，养几只山羊维持生计。她们穿的是邻居姐姐们剩下的衣服，吃的是维持生命最简单的食粮。十三岁的大姐姐非常懂事，也非常刻苦，每天帮忙照顾妹妹，帮助爷爷做些力所能及的农活，剩下的点滴时间都用在学习上。环境虽苦，但她的成绩依然能在班级名列前茅。面对他们的困难，大队辅导员孙老师号召大家积极帮助他们，把温暖传递给他们。

　　回到家，我立刻翻箱倒柜，找到一套没穿过几次的半袖衬衫和短裤；再一想，冬天快来了，为了她们能穿得更温暖些，我又找了一条牛仔裤和一条毛裤。这几件衣服虽然不是很多，也不能为他们解决根本性问题，但这是我一份真挚的情谊！我知道：我一个人的力量是有限的，但全校三千人，每人一份温暖，便可汇成一轮明晃晃的太阳！

　　有了这次捐赠，我相信：何爷爷和他的孙女们这个冬天一定不会再冷，这个冬天他们一定会沉浸在盈盈的温暖幸福中！有了这份温暖，他们一定会驱走心中的寒冷；无论今后的路多么艰难，他们都会从从容容，用辛勤和汗水，创造出一个美好的未来！

　　当我沉浸于这份温暖之中时，心想：今天，我们把温暖传递给他人；明天，他人或许就会把温暖传递给我们！传递，不一定要轰轰烈烈，点点滴滴的爱，就会给他人带来自己一片明亮的天！让爱洒满人间！

《爱的教育》读后感

赵玉豪

　　今天，我读完了《爱的教育》这本书。翻开这本书，好像有一种力量打开了我的心灵，让我听到了爱的呼唤。

爱让世界更美丽

　　《爱的教育》讲述了一个个让人感动的故事。爱就像川流不息的河，流淌在我眼前。小抄写员叙利亚每天给父亲抄写，当爸爸知道他的这个秘密时，父子拥抱的场景感动了我，使我流下了泪水；伦巴底的小侦探中，那个十二岁的小男孩儿，面对敌人的枪林弹雨，勇敢地接受了命令，他多么勇敢啊。

　　《爱的教育》刻画了一个个让人敬佩的人物。我喜欢书中的泼来可西、卡隆和洛佩蒂。我为什么喜欢他们呢？因为泼来可西孝顺父母，卡隆是一个沉默寡言的阳光男孩儿，他对朋友真诚，还特别关心同学，为了保护驼背的耐利，他教训了坏孩子勿兰谛，勇敢地为弱者伸张了正义；洛佩蒂为了救一个一年级的小学生，自己却被车子轧伤了。我感觉他们都有一颗善良又美丽的心灵。

　　读完了《爱的教育》，我懂得了来自亲人、老师和同学的关爱。

　　爱有时像空气，我们也许感受不到，但却一直被"爱"滋润着。我要感谢我的爸爸、妈妈和奶奶。爸爸每天打工挣钱，满足我想要的一切，他自己却省吃俭用；妈妈给了我生命，每天给我做饭，不辞辛苦地教我各种生存的本领和做人的道理；还有我的奶奶，每当我写字给奶奶看的时候，奶奶都会由衷地夸赞我，鼓励我。

　　我要感谢我的老师，他们无私地把知识传授给了我。我是住校生，老师们会把我们当成他们的孩子一样，照顾我们，细心地启发我们。不仅教我们学习，还让我们学会做人。我想对老师说一声："老师，您辛苦了！"我还要感谢我的同学们，我们每天在一起上课、玩耍，因为有了他们的陪伴，我的生活充满了欢乐。

　　我要像卡隆一样爱护同学，像泼来可西一样孝顺父母，像洛佩蒂一样拥有一颗感恩的心，无私奉献。总之，《爱的教育》有一种让我说不出来的力量，它让我变得爱积极发言了，让我变得做事细心了，还让我变得善于观察了。

成长中的孩子

——《草房子》读后感

高云涛

　　《草房子》这本书是曹文轩伯伯在1997年十月完成的一部著作，书中描述了二十世纪五六十年代的事。那个时代离我们已经很遥远了，但读起这本书，我却感到那么的亲切。

　　整本书是由九个小故事组成的。故事中的一切都与油麻地这个地方有关，也都和桑桑小朋友有关。桑桑是个聪明好动的小男孩儿，在上小学的六年里，他做的好事数不胜数，但他闯的祸也不少。比如，把蚊帐改造成渔网来捕鱼，把吃饭的铁锅砸了卖铁买鸽子，把厨房的碗柜改造成鸽子的"高级别墅"……我一边看书，一边被桑桑天马行空的想法和雷厉风行的作风逗得哭笑不得。

　　但是给桑桑药疗那一章，又让我多次流下眼泪。一次，桑桑被诊断出得了绝症，桑桑的爸爸走南闯北去找名医，但是都以失败告终。在桑桑几乎快要绝望的时候，温幼菊老师带桑桑到她的药馆里，为他熬药，不断地鼓励他要坚强。最终在爸爸的不懈努力下，寻到名医，把桑桑的病治好了。

　　桑桑六年的小学生涯中有喜有忧，有笑有泪，有过失也有进步。他虽然经常制造恶作剧，但他同时也有一颗善心。经过一系列的事情

079

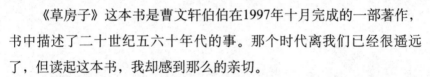

爱让世界更美丽

后，桑桑变成了一个非常懂事的孩子。

我也是一个特别调皮的孩子。学校里的闹剧大多都与我脱不了干系。我经常把班级闹得鸡飞狗跳，让家长、老师和同学们很是苦恼。

读完这本书，我在桑桑的身上看到了自己的影子。猛然间，发现自己也成长了许多。

学会独立

——读《鲁滨孙漂流记》有感

李春泽

080

我是一个远近闻名的小书迷。我读过的书那可真是数不胜数，不可估量了。有奇幻惊险的《地心游记》；有骑士精神的《堂吉诃德》；有降妖除魔的《西游记》……这些书都令我沉醉其中，且受益匪浅！

今天，我又读了一本书——《鲁滨孙漂流记》——从中懂得了更多的道理。

《鲁滨孙漂流记》的主人公，顾名思义就是鲁滨孙。他不顾父母劝阻，执意想要出海探险。于是鲁滨孙孤身一人来到一艘轮船上当起了水手。不料轮船出事了，鲁滨孙孤身一人流落到一个孤岛上。在这里开始了自己二十多年的荒岛生活。他依靠自己的智慧和劳动开荒种地，砍树建房，圈养山羊，修建船只，还救出要被土著人吃掉的"星期五"，经过不懈努力，最终回到了自己的祖国。

通过这些情节，我感受到鲁滨孙自食其力、不畏困难的精神。这也正是我们身上所缺少的宝贵品质。记得有一次，爸爸出差了，妈妈也急着去上班，没时间给我做饭，于是妈妈让我自己煮方便面。过惯了"衣来伸手，饭来张口"的日子，哪里自己动手煮过面？我委屈地说："妈妈，我不会煮。"妈妈便让我锻炼一下自己。可我就是不想尝试。心想，此时我应该拿出我应有的姿态——撒娇。经过我的软磨硬泡、死缠烂打，妈妈终于投降了，"乖乖地"给我煮好了面后才匆匆忙忙地赶去上班。

读了这本书之后，我忽然明白，我虽然还是妈妈心中的宝贝，但我已经长大了。妈妈平时工作很辛苦，我不但不为她分担，还增加妈妈的负担，真是太不应该了。我应该主动替妈妈做一些力所能及的事，学会独立。只有不断地锻炼自己，让自己变得坚强起来，面对困难时，也才能沉着应对，积极地想办法去解决。

081

读《夏洛的网》有感

陈姿懿

假期，我读了《夏洛的网》这本书，它教给了我很多知识，让我懂得了许多道理，同时让我明白了如何结交朋友。

威尔伯是一只小猪，他对人十分友善，喜欢赞美他人。威尔伯每次结交朋友时，每当听到别人的名字，它总是说着同样的话："你的名字真好！"动物伙伴们听到后都很开心，都很喜欢与它交朋友。

爱让世界更美丽

夏洛是一只蜘蛛，她对朋友诚实守信，还总是乐于助人。其他的小伙伴总说她长得丑，但她并不生气。当威尔伯得知自己要被杀死当成食物时，夏洛坚定地说："我会帮助你的。"威尔伯质疑道："你只是一只小小的蜘蛛，怎么帮我呢？"夏洛却说："放心吧，我只要答应别人一件事，我就一定能做到。"夏洛织出各种赞美威尔伯的词，如"了不起""光彩照人""谦卑"等，直到她生命的最后，还拖着笨重的身体，艰难地爬行，尽力为威尔伯编织赞美之词。最后，她帮助威尔伯赢得了主人和村民的重视，摆脱了被做成火腿的悲惨命运。

坦普尔顿是一只老鼠，他开始总是唯利是图，后来在夏洛的影响下，它慢慢改变了，它也开始主动真诚地帮助朋友，比如：它会在夜里看护夏洛的卵，帮助蜘蛛卵成功孵化。

夏洛和她的伙伴们深深地影响了我，让我明白了：对待朋友，应发自肺腑地赞美；朋友遇到困难时，应尽力帮助；对朋友的承诺，应努力去实现。我想，只要真诚地对待朋友，帮助朋友，我也能织一张美妙的"夏洛的网"！

鞭炮奏鸣曲

苏正一

"当……当……当……"除夕十二点的钟声敲响了，我和弟弟的鞭炮奏鸣曲也即将开始了。

我和弟弟捧着一大把鞭炮，奔到窗前。透过窗户，我们看见地上满是鞭炮的残骸。然后，我们迅速披上外套，欢快地冲出屋子，边跑边喊："去燃放烟花鞭炮喽！"

　　第一个出场的是"钻天猴"。它外观小巧玲珑，看似秀气极了。但是，点燃导火线后，它马上由一只温顺的小猴子变成了厉害的泼猴孙悟空。

　　我们把一个"钻天猴"插进泥土里，点燃导火线之后，赶紧往屋里跑。还没等我们跑进屋里，它就起飞了。我们一转头，只见"钻天猴"正在飞天的途中跳华尔兹呢。伴随着"嗖"的一声，瞬间爆炸了，融入了绚丽烟花的海洋中。

　　其他烟花也不甘示弱。"天外飞碟"出场了。我们各自点燃了一个"天外飞碟"。"嗖！嗖！"两声，它们像飞碟一样飞到了半空中，四周还隐约闪烁着绿色的光。它们在空中漂浮了一会儿，"燃料"很快就燃尽了，"噗"的一声掉在了地上。真希望，我们的"飞碟"也能帮助科学家们研究关于"UFO"的未解之谜。

　　"小老鼠"已经等不及了。我们点燃导火线，"小老鼠"的四条腿摆动起来，越来越快。它们兴奋地"吱吱"欢呼着。

　　"老鼠上街，人人喊打。"眼神儿不好使的奶奶，竟拿来苍蝇拍，尽全力拍起"小老鼠"来。要不是我们及时制止，"小老鼠"可能就会制造火灾了。

　　色彩纷呈的烟花纷纷冲上了天空，扮美了夜空，照亮了小院。"连珠炮"响声震耳欲聋；"北国樱花"在夜幕中绽开了美丽的容颜；"急速火箭"呢，"嗖嗖"的响声不绝于耳，不知道的还真以为我们家在发射火箭呢！

　　虽然鞭炮奏鸣曲在声与光的交错中结束了，但是新年的味道却越来越浓郁了。

过 年 喽

姚佳妮

"过年喽！过年喽！"我兴高采烈地走在大街上，高兴的心情似乎能够感染到每一个人。瞧，行色匆匆的人们脸上都洋溢着灿烂的笑容。

过年，这是多少老人日夜期盼的日子啊！不管春运的交通多么拥挤，在外地工作的人们都会忙着往家里赶，他们要回家团聚。老人们终于可以享受儿孙绕膝的天伦之乐了。

过年，这是多少大人们日夜期盼的日子啊！又辛苦忙碌一年了，大家终于放下繁忙的工作，好友相聚，聊聊生活，谈谈人生。大人们终于可以享受一下难得的清闲了。

过年，这是多少孩子们日夜期盼的日子啊！只有在这时候，大家才能远离繁重的作业，尽情地吃，任性地玩。我们终于可以享受一下"撒了欢"的感觉了。

过年了，家家户户都在家里忙碌着。

爸爸忙着贴春联，门上、窗户上、车辆上，就连大水缸上都是一片喜庆的红色。我们小孩子也来帮忙了。我拿着一副春联刚递给爸爸，弟弟赶紧抢着拿来一个福字，也要让爸爸贴上。大家屋里屋外地来回穿梭，忙得不亦乐乎。

妈妈忙着做饭，蒸馒头，包饺子，炖大肉，一股股浓郁的香味飘出了小院。

来到奶奶家，一大桌子美食早已准备好了。

"吃饭了！"随着奶奶的一声招呼，大家蜂拥到桌前，大快朵颐。大人们一边吃饭，一边聊。我们小孩子则在一旁只顾着狼吞虎咽。

吃过饭，我缠着爸爸放烟花。爸爸拿来一个巨型的烟花放在院子中间，点着火，"轰"的一声，一团巨大的烟花升上天空，继而四散开来，五彩缤纷，仿佛一颗颗流星从天空落下。

我和弟弟每人拿了一把"滴滴星"也放了起来。随着一阵"噼里啪啦"的响声，"滴滴星"绽放出五颜六色的火花，我们玩得入了迷。

"春晚开始了！"听到妈妈的喊声，我们一窝蜂地挤进屋里，开始享受这份"传统文化大餐"。

午夜的钟声响起了，新的一年即将开始了，噼噼啪啪的鞭炮声响起来了。那是在祝福全天下的人，在新的一年里身体健康，心想事成！

"年"的陈年往事

陈昊男

那是一个寒风呼啸的除夕夜，家家户户灯火通明，处处洋溢着祥和温馨的节日气氛。我穿好棉服，准备去放鞭炮。突然，我看到一只奇怪的"小狗"，一双圆溜溜的眼，眼睛上的睫毛格外浓密，一张小嘴露着锋利的牙齿，胡须是五颜六色的，脖子上围了一圈长长的狮子毛，还有一个电钻似的巨角在头顶上矗立着。它就是传说中的"年"。

看着它那可爱的样子，我情不自禁地把它抱起来。它很友善，亲昵地依偎在我的怀里。

我抱着"年"回到屋里。妈妈拿出年糕喂他。谁知，小家伙一看到年糕，惊恐万分，"嗷"地叫了一声，就往外蹿。吓得我赶紧松开了手。

一瞬间，"年"变得很大，浑身是火。见此情形，妈妈吓得撒开双手，年糕全部掉在了地上。年兽张开血盆大口"啊呜"一口把年糕全吃了，结果被年糕死死黏住了牙齿。爸爸趁机拿出了爆竹扔向"年"。它中招了，被炸伤了眼睛，落荒而逃。

"年"回到了居住的小岛后，被炸伤的眼睛发炎了。它"扑通"一声扎进水里泡了九九八十一天。最终，眼睛上的炎症消失了，它却永远变成了青色，从此也爱上了泡海水浴。

"年"的视力越来越差。它不得不化作人形去看医生。医生建议他多吃胡萝卜和鸡肝。"年"就去抢了一车，每天都会吃掉十公斤胡萝卜和二十公斤鸡肝。至今，年兽还保留着爱吃胡萝卜与鸡肝的饮食习惯。

"年"的法力尚浅。它每次去人间都要消耗许多能量，所以每次去之后，都要休养一整年才能再去。

每当除夕来临时，人们生怕"年"再生事端，所以人们总是放着各种烟花爆竹，来吓唬"年"。

过 大 年

张伯洋

　　"噼里啪啦！噼里啪啦！日——砰！日——砰！"我在被窝里被惊醒，吓得惊慌失措、六神无主，两只脚丫子四处乱蹬。终于，我平静了下来，一看外边，天还是灰蒙蒙的，似乎起了雾。一阵冷风刮来，冻得我赶紧又钻回了被窝，心里嘟囔道："大清早的，姥姥还睡着呢，放什么炮呀，真是不想让人活了！"鞭炮声还没停，可我听着听着，却睡着了。

　　"伯洋，起床了！"随着姥姥的一声声呼喊，我和涛弟弟陆续起了床。唉，独在姥姥家，我真有点儿不能接受异俗，这里的人起得就是早呀！我伸了个懒腰，以最快的速度把快冻成冰棒的衣服穿上。

　　我下了床，无意中瞄了一眼日历，立刻尖叫起来："妈妈呀！今天晚上十二点就过年！这也太快了吧！"

　　既然晚上过年，那么就快点儿准备了。我和涛弟弟把珍藏的鞭炮都一一拿了出来，清点数目。"这几个最好看，过年那一刻用，这几个可以分成两份，平时一人一份，这几份是余下的，过年以前的几分钟放完。"我得意地看着它们，一一说道。

　　时间过得如火箭一般快。我们在院子里把鞭炮排列好了各种造型，这时，一点亮光从西边升起，"砰！"变成了一朵大花。

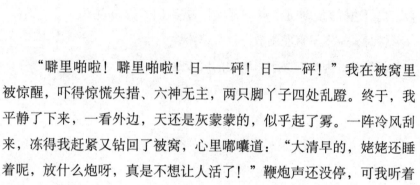

"快快快！点'银色喷泉'！"

"别忘了'飞天鼠'，都点着。"

"对了，烧'笛笛筋'！"

"用'小地雷'炸碗！"

我们一时间手忙脚乱。"银色喷泉"一个接着一个地绽放；"花炮"里不一会儿就升起一颗星；"天鼠火箭"飞快地射出；"俄罗斯转盘"，如陀螺一般转动，铁碗"砰！"一下子被炸上了天。

我们点燃了手中的"笛笛筋"，转成一个火圈，时不时地变换色彩。我们边挥舞边叫道："过年喽！过年喽！"

顿时，院子里百花绽放，五彩缤纷。

新年的钟声响起来了，春天的脚步近了。

与时光老人聊聊天

　　匆匆而去的时光老人，您好！我不知道您到底有多少亿岁，只知道您应该是年龄最大的老寿星了。我觉得您太自私了。您悄无声息地索取无数人的生命，而您自己呢，寿命一直都是有增无减。

当"吃货"遇上美食

周玉乾

虽说我的年龄不大，可是我早就是个资深的"吃货"了。若是华山论"吃"，我绝对能够雄霸天下。提起"吃"技，不管是啃、咬、舔、嚼，还是吸、吮、喝、灌，我是样样精通。美食啊美食，我的眼里只有你。

咦？一股香味钻进了我的鼻孔，我眼睛微闭，深吸一口气，细细品味着，辨别着。嗯？是什么美食呢？怎么不太熟悉？

我贴近门缝儿，再次吸气，一股浓郁的香味扑鼻而来。好像有点儿椒盐南瓜的味道，好像又不是，没有那种脆香的感觉。那会是什么呢？

正当我百思不得其解的时候，厨房传来一声"开饭啦"！

我以迅雷不及掩耳之势，冲进了厨房，定睛一看：哦，原来今天吃南瓜疙瘩汤呀！看来我的嗅觉还不错，至少猜出了汤的主要食材——南瓜。我满意地为自己的鼻子点着赞。

很长时间没有喝南瓜汤了。还是原来的食材，还是原来的配方。应该还是原来的美味吧？我在心里默默地想着，唾液迅速来到我的嘴里集合，肚子也开始"咕咕咕"地开始抗议了。

一碗热腾腾、香喷喷的美味南瓜汤上桌了。

我夹起一块南瓜细细地品尝起来。轻轻咬上那么一小口儿，酥酥的，软软的。再嚼上几口，甜甜的，糯糯的。闭上眼睛，回味一下，有一种飘飘欲仙的感觉。呵，真是人间美味呀！

　　再尝尝那晶莹透亮的小疙瘩吧。疙瘩一触到舌尖，就像坐上了滑梯一般，"哧溜"一下就滑进肚子里去了。我用牙齿轻轻一咬，再一嚼，哇，好劲道呀。这一咬一嚼呀，把疙瘩的美味全部呼唤出来了。真是太爽口了！

　　最后，我开始向汤汁进军了。看看这汤汁的颜色，足以令人大饱眼福了。清澈的汤汁，白玉一般晶莹。汤汁的上面附着一层厚厚的、浓浓的膏儿，如蟹黄一般黏稠。黄黄的膏儿上撒着点点油星儿，一闪一闪的，直晃你的眼。再闻闻这汤汁的香味，哇，瞬间扑进了我的鼻子。我迫不及待地喝了一口，这味道，这感觉，终于知道什么是人间珍馐了。

　　一碗色香味俱全的南瓜汤下了肚，我顿时感觉全身上下暖洋洋的，似乎每一个毛孔都在微笑呢。

　　当"吃货"遇上美食，除了使出"秋风扫落叶"的必杀技以外，还会发生什么呢？

吃　葡　萄

窦一德

　　暑假里，天气太热了。我一回家，马上跑到冰箱前拿出那酸甜可口的葡萄。

刚从冰箱里拿出来的葡萄冰凉冰凉的，就像一颗颗紫玛瑙。我心想：小伙伴们，你们是在玩憋气吗？别玩了，你看你们的脸都憋紫了。葡萄虽然小，但是挺胖的，好像肚子里面装着个小宝宝一样可爱。这时，我从它们的"家"里拔下一颗最大的葡萄放进嘴里，酸甜酸甜的凉水儿立刻流进了我的肚子里。我感觉窗外不再是夏天了，像到了冬天一样飘起了雪花。接着，我吐出了核儿。我恍然大悟，原来葡萄的小宝宝就是核儿呀！

我拿起了第二颗葡萄。它有点儿小，而且很硬。我用力把它咬碎，牙齿好像结了冰一样，都要冻僵了。酸甜可口的汁儿流进了我的心里。炎热早就消失得无影无踪了。

当第三颗葡萄进了我的肚子，我感觉全身变成了冰块一样。这美味的葡萄真是越吃越想吃，我怎么能抵挡得住这般诱惑？

这时，妹妹也跑来跟我抢葡萄吃。她说："哥哥，咱们比谁吃得多，好吗？"我心想：真是关公门前耍大刀——自不量力。比赛开始了。我狼吞虎咽地吃起来。没想到，妹妹竟然端起葡萄去她的房间吃了，还把门锁上了。她可真是个小赖皮，气得我火冒三丈。五分钟过去了，妹妹咂咂嘴出来了，说："快吃吧，哥哥。"我再一看，她竟然把葡萄都变成核儿了，真可恶！

美味的葡萄真是让人挡不住诱惑。你如果感兴趣就赶快买些葡萄来品尝一下吧。

"吃"霸天下

张宇涵

"天将降大任于吃货者，必先苦其嘴巴，饿其肚子，空乏其鼻，行拂乱其眼睛。所以动心忍性，增益其所不能……"

什么？你以为你的耳朵出了什么问题？

不，不，不！你听到的千真万确。

哈哈，那是我——一位资深的吃货，又在默念专属于我的"玉女心经"了。

什么？你说有些夸张？那是你还不了解我的"吃"功。

瞧瞧我的华山论"吃"，你一定会大开眼界的。

第一招：横扫超市

提起我练"吃"功，那可是"冬练三九，夏练三伏"，无时无刻不在苦练基本功。为此，零食也就成了我的嘴边常客。

放学铃声刚响，老师还没有离开教室呢。我的心就开始一阵又一阵地发痒。不用说，我的"吃"功又要发作了。一种按捺不住的欣喜犹如岩浆一般从心底不停地喷涌。哈哈，零食在向我发出召唤呢。

我以刀光剑影的神速，冲出校园，直奔超市。看到货架上那琳琅满目的美味食品，我的唾液功力迅速升级，嗅觉瞬间沦陷了。手起零食落，我就像秋风扫落叶一般，瞬间缴获了一大包"战利品"。

对于我的功力，超市的阿姨最有发言权了。你瞧，她满眼的淡定，满脸的微笑，嘴巴都快与耳朵接轨了。她对我的功力已经佩服得五体投地了。

"刺啦——""咔咔咔……""咚！""滋滋滋……"一阵"刀、叉、剑、戟"轮番上阵，零食被我一扫而光。

哈哈，还没有走到家，我就感觉自己的功力又升级了。

第二招：东山再起

"干什么去呀？"一进家门，我就与姐姐撞了个满怀。

"我去趟超市。"姐姐应声答道。

"什么，超市！"我的眼睛立刻绽放出光彩来了，"我的好姐姐，带上我一起去呗？"

"哦，不要给我整那些甜言蜜语啦。"姐姐最了解我了，当然不忍心让我失望了，"一起走吧！"

"你是世界上最漂亮的姐姐啦……"我一边跑跳着，一边哄姐姐开心。哈哈，我要消耗体能，为我的"东山再起"注入新鲜血液呀。

一进超市，我的目光如利剑，双手犹如拿起了斧钺钩叉。薯片、巧克力、蛋黄派、奶茶、牛肉干……它们就像 "削水果"游戏中中刀的水果一般，纷纷落下，掉入了购物车中。

一进客厅，我的吃功就开始大放异彩了。有了我这位"吃"界女侠，姐姐只好退避三舍了。

一顿风卷残云后，我的内力大增，浑身充满了力量。

第三招：雄霸餐桌

谈起我，在"吃"界是无人不知无人不晓，连大地都得颤三颤。

晚餐时间到了，"吃"界各路盟友陆续前来参加盛会。这样珍贵的切磋机会，我当然不能错过。

油焖大虾的外焦里嫩，鱼香肉丝的香辣劲爆，海米油菜的清淡美味，糯米团的香甜黏糯……各种舌尖上的挑战，一一向我发起了号令。我是兵来将挡，水来土掩，冲锋陷阵，所向披靡。

"嗝儿，嗝儿……"胜利的凯歌已经奏响，大家纷纷向我投来赞赏的目光。我更是得意地挺胸抬头，大摇大摆地踱起了方步。呵，这派头，简直威风极了。

哈哈，"餐桌枭雄"的称号非我莫属！

羊汤飘香

赵永轩

提起沧州市兴济镇的名小吃——羊肠汤，那可是远近闻名，妇孺皆爱呀！

羊肠汤是我们兴济镇人早餐时最喜欢喝的一种汤。这种汤可以在羊汤馆里坐着喝，也可以在路边的羊汤摊儿旁站着喝。一群人围站在一张桌子周围，你端着一碗，我端着一碗。大家一边喝，一边聊上几句，汤热热的，话暖暖的。

羊肠汤的配料独特。即使做羊汤用的水，也是与众不同的。独特的配方，独特的作料，独特的水，就构成了风味独特的羊肠汤。

羊肠汤以它独特的色、香、味，吸引着众多的食客，让人喝了一碗就想第二碗，喝了第一次就想第二次。

羊肠汤的汤汁浓浓的，呈乳白色，轻轻抿上一口，直沾你的嘴唇。白色的汤汁中飘荡着一条条淡灰色羊肠，就像是许多小蛇在白色江水中游动。拿起筷子一夹，你就会夹到一块色泽红润的羊血豆腐。再一挑，你就会挑起许多透明的龙须般透明的粉条。白白的汤汁，红红的血豆腐，浅灰色的羊肠，亮晶晶的粉条，再加上一些绿油油的香菜，哇，一幅绝妙的水墨画就出现在眼前了。

羊肠汤的香味浓郁，香飘万里。过路的行人，只要闻到羊汤的香味，就会情不自禁地停下来，深深地吸上几口香气。有些禁不住诱惑的，便会不由自主地坐下来喝上几碗。喝完羊肠汤，抹抹嘴，心满意足地离开了。如果没能喝上一碗，也许就会有人整整一天魂不守舍地惦记着那美味的羊肠汤。

096

羊肠汤的味道更是绕梁三日，回味无穷。夹一段羊肠，放到嘴里，一嚼，肉嫩嫩的，满口都是香气。喝一口汤汁，咸淡适中，羊肠的肉香融入其中，却没有一丝一毫的羊膻味。浓浓的汤汁沿着喉咙顺流而下，一股暖流沁人心脾。汤汁好浓呀，黏黏的膏脂直糊你的嘴唇。夹一块血豆腐，咬上一小口，松松的，软软的，一层密密的蜂窝内早已灌满了美味的汤汁。

我们当地还有一个习俗。那就是一边喝羊肠汤，一边吃烧饼。喝着香浓可口的羊肠汤，再咬上一口香酥薄脆的烧饼，那简直就是绝配。在我们这还有一个约定俗成的规矩，卖羊肠汤的人只收羊肠的钱，汤是免费喝的。如果有人给了汤的钱，那就是对老板的不敬。

这就是我们兴济镇的羊肠汤，堪称人间美味的羊肠汤。如果你有机会来兴济，我一定会邀请你品尝最正宗的兴济羊肠汤。

跟天空伯伯聊聊天

王佩云

天空伯伯你这几天怎么了？一会儿把太阳公公叫出来，一会儿又把乌云伯伯约出来。你这一折腾，可把我们害苦了。

记得周三那天，早晨阳光明媚。我一见晴空万里，就兴奋地穿上了新买来的夏装到班上炫酷去了。出乎意料的是，刚上了两节课，您就敲锣打鼓地喊来了众多的亲朋好友。瞧，乌云带着他的兄弟和雨点儿进行了大决战。豆大的雨点儿疯狂地砸在地上。轰隆隆，雷公公也赶来助威了。

天空伯伯这就是您的不是了。为什么在早晨的时候故意骗我们呢？你也太善变了吧。看，您邀请的客人风婆婆又发威了，"呼——呼——"地吹着，乌云和雨点儿也不甘示弱。顿时，三人在您的地盘上开启了世纪大战，又是刮风又是下雨，还有雷公公噼里啪啦的喝彩声。你那闪电客人就更邪乎了，那绝妙的舞姿和炫美的亮光，简直就能亮瞎无数双无辜的眼睛。天空伯伯，您举办的这场盛会真是惊天动地呀。

下午放学的时候，天空伯伯您又怎么了？有人惹您生气了吗？看您阴沉着脸，我就担心。生气归生气，您千万不要落泪哟。城门失火，会殃及池鱼的。

刚刚用了我的三寸不烂之舌劝了您半天，是不是心情好多了？怎么，还在伤心？

哎哟！是什么砸到了我的头上？啊？是您的泪滴。

天空伯伯您真是狗咬吕洞宾——不识好人心呀，真是太可恶了！假如我有一双翅膀，我真想飞到您的身旁和你较量一番。

天空伯伯不要乱发脾气了，我们还是喜欢您微笑的蓝脸庞。

和螨虫聊聊天

苏正一

098

螨虫，今年已经是你们入住我鼻子上的第八年了。我要向你们表达一下我对你们的"喜爱之情"。

螨虫们，你们真是对我太"好"了，天天钻在我鼻子上的毛孔上喝我的血，吃我的肉。你们在里面可真快活呀！你们知道我是什么感受吗？我天天又痒又痛，这可都是你们的"功劳"。

我只好整天请求我的妈妈，用她的武器——指甲，来对付你们。我想你们的滋味一定很不好受吧！可是你们大军的"大驾光临"，实在让我妈妈应付不过来了。无奈之下，妈妈只好败下阵来，停止了对你们的反击。没有了妈妈的帮忙，你们又开始给我"下毒"了。你们简直太可恶了。

螨虫们，你们真让我叫苦连天呀！妈妈的罢工风波实在是让我太痛苦了！妈妈呀！您帮我挤一挤吧！可恶的螨虫你们太可恨了，我一定要找出新的武器来对付你们！

哈哈哈哈，可恶的螨虫们，我已经寻找到更具杀伤力的武器了。我为你们准备了"去螨膏"。这种美食对你们来说一定"甚合口味"吧！品尝了这个，你们就不能再在我的鼻子上横行霸道了。这就叫"道高一尺，魔高一丈"。哈哈哈！你们就别想再整我了，乖乖地等死吧！

螨虫们，祝愿你们早日被"消灭"。

和头发聊聊天

魏伊萌

099

头发，你们现在真是越来越不听话了。

每当不想长大的我依偎在爸爸怀里享受甜蜜时光时，爸爸总是挠下巴，那是你们总和我抢着去摸爸爸的胡子，可是我摸的时候爸爸并不感到痒，而你们却是细细的、软软的，爸爸痒得很哪！

每当我梳头时，你们总是聚在一起围观，形成一个大疙瘩，你们还总是和梳子齿打架，叫我怎么也梳不开。你们"貌似"很团结，但却是一群乌合之众，在和梳子的斗争中，你们左拥右挤，狠心地把一些无辜的兄弟姐妹踢出大家庭，它们掉在了地上，怨恨地看着你们，眼睁睁地死去。你们于心何忍？难道它们的死换不回你们遵守秩序，唤不醒你们的良知？本是同根生，相煎何太急啊。

每当我跑步时，你们总会在后面又摇又摆，又蹦又跳的，让漂亮的皮筋妹妹叫苦不迭。我知道你们想摆脱皮筋妹妹对你们的束缚，其实不用着急，到了晚上她自然会离开，可白天你让她硬生生地离开坚守的岗位，她怎么会答应？你们应该想想别人的感受，换位思考一下了。不要总毫无顾忌地腻在头皮妈妈的怀抱里撒娇淘气了。你们现在已经不再是家中的小太阳了，你们看看皮筋妹妹，多自立啊！以后你们可不能再这么任性了。

你们长得太快了，让我隔几个星期就要修剪一次。你们也不要怪我呀，否则我真就长发及腰了。

头发，你们以后可要乖乖的噢！

与时光老人聊聊天

苏正正

匆匆而去的时光老人，您好！我不知道您到底有多少亿岁，只知道您应该是年龄最大的老寿星了。我觉得您太自私了。您悄无声息地索取着无数人的生命，而您自己呢，寿命一直都是有增无减。我在默默计算着，自己已经贡献给您四千五百多天了。我永远地失去了那本应属于我的四千五百多个日子。我多么希望您能慢点儿走，允许我为自己的生命点亮一盏灯啊。

我知道，您绝对不会同意的。但是，我也不会轻言放弃的。您来得匆匆，去得匆匆，在这来去之间，我又留下些什么痕迹呢？我有时

在默默地想：在未来的某一天，自己也会失去生命吗？想到这里的时候，我的心被深深地刺痛了。时光老人啊，您太无情了。

就在我抱怨昼夜的飞快更替时，您又从我紧皱的眉宇间溜走了。噢，我终于顿悟了：您，其实是最公平最公正的。您没有因为一丝惋惜而放慢脚步，也没有因为一时兴起而驻足等待；您没有因为同情弱者而施舍光阴，也没有因为祝福强者而超速行驶。

在与您的对视凝神中，我突然明白了：抱怨是一日，快活也是一日。不管我的心情如何，这一日的光阴都要被您取走。我下定决心要快快乐乐地度过每一天，每一时，每一分，每一秒，让属于自己的每一寸光阴更有意义。

说您步履匆匆吧，可是您一直是匀速前进，从来没有因为着急而提速。既然这样，我完全可以见缝插针，统筹安排，争取在一分钟内做更多的事情啊。一个人做事的效率变高，是不是就拉长了生命的长度？

您每天射出的箭都是一去不复返的。您能告诉我，怎样才能抓住光阴的脚步吗？在思索中，我明白了：三更灯火五更鸡，正是男儿读书时。我要争分夺秒，博览群书，到书中采撷知识的浪花，到书中寻觅人间的瑰宝。一个人嗜书如命，是不是就增加了生命的宽度？

光阴似箭，日月如梭。您的转瞬即逝是在提醒我们要多做善事吗？赠人玫瑰，手有余香。我懂了。我要为那些迷恋电脑游戏的朋友敲一下警钟；我要规劝家人放下手机，珍视亲情；我要与雾霾做斗争，还蓝天一片洁净……一个人的心中充满了爱，是不是就可以加深生命的厚度？

时光老人，请您监督我，提醒我，帮我珍爱生命的每一天，好吗？

我的童年"坐骑"

苏正一

　　我的童年生活是有趣的，多姿多彩的，天真无邪的，充满着美好的憧憬与梦想。我曾经想过当科学家，研制导弹轰打侵略者。也想过当人民教师，做孩子们的卫士，让他们用知识武装自己；还想过当一名医生，救死扶伤，为了给别人治病，奉献自己的生命……总之，至今还有一个梦想萦绕在我的心头，就是当一个走南闯北、征战沙场的大英雄，当然喽，当大英雄起码得有个"坐骑"，我也有，多着呢，数一数，都有四任了呢！

　　我的第一任"坐骑"是一个小木马。那是我三岁时玩的，坐在上面，前后摇晃，再喊着："嗯儿！驾！嗯儿！驾！"给予我一种其他事物不能替代的畅快感，就像四处征战的将士一样，骑着骏马四处奔波，太威风了！可是好景不长，有一次我"出征"时忘记带上我的"坐骑"——小木马，结果小木马被奶奶"咔嚓"掉了，最后他的残骸竟被奶奶拿去烧炉子了！啊——我的第一任"坐骑"光荣地殉职了……

　　我的第二任"坐骑"是三轮车。那是我在五岁时见过的唯一的三个轮的交通工具，因为我有时会把它当成大怪物，所以很长时间都不敢接近它，但我看姥姥经常用它"锻炼"身体，便对它放松了警惕，

也开始接近它了。最后竟然禁不住自己好奇心的驱使，还坐了上去！哎，还别说，挺舒服的嘛！于是，我便蹬呀蹬，哎呀，蹬不动，我便找来表哥推我走。表哥力气大，推着我就走了。哈哈，酷啊！这就是我的第二任"加强版坐骑"，不过，是助力版的哦！可是好景也不长，姥姥和姥爷带它种大白菜去了！啊——我的第二任"加强助力版坐骑"离我远去了……

我的第三任"坐骑"是妈妈借我玩的自行车。那时候，自行车是非常难学的，可我硬是怀着一股不怕死的劲儿学会了。我的第三任"无敌加强版坐骑"又让我使用得得心应手了，哈哈哈哈。可是，灾难降临，自行车的车胎被钉子扎爆了！啊——我的第三任"无敌加强版坐骑"夭折了……

我的第四任"坐骑"是电动车。我还可以用它载妈妈呢！可是"超级无敌巨无霸加强版"也好景不长，我妈妈哪放心让我自己骑电动车呀，便无情地将电动车夺走了！啊——我的第四任"超级无敌巨无霸加强版坐骑"也丢失了……

我还想过开车，可是爸爸是绝对不会让我开的，所以汽车是我至今没有得到的"终极神坐骑"。

有熊奈儿的童年最快乐

李敬琳

童年是神圣的，童年是难忘的。童年里有许多欢声笑语，童年时有许多心爱的玩具。童年悄悄地来，悄悄地走。

不知不觉中，我似乎长大了。童年的好多事情都已逐渐模糊不清了。但是，那只熊奈儿，还有发生在它身上的事儿，我一辈子也忘不了。

一岁时，顽皮淘气的我被妈妈抱到商厦。来到一个新世界的我，左顾右盼。不一会儿，我就发现在商厦的一个角落有卖布娃娃的。我立马挣脱妈妈的怀抱，向那一只只可爱的小熊跑去。我抓着一个就不肯撒手。吐字还不清的我，按捺不住心中的喜悦，居然跟妈妈撒起娇来。妈妈实在忍受不了，就给我买了那只小熊——一个穿着黄裙子，瞪着雪亮的大眼睛的小熊。

回到家，我便爱不释手，整天抱着熊奈儿，不管春夏秋冬。

有一次，年幼的我抱着熊奈儿在家里跑来跑去。一不小心，我被熊奈儿的脚绊了一下，摔了个四脚朝天。脑袋顿时鼓起了一个大包。我不但没哭，反而先看看熊奈儿有没有受伤。这时，我看到熊奈儿掉了几根毛，就开始哇哇大哭起来。奶奶听见后，整整哄了我两个小时。从那次教训后，我就再也没让熊奈儿受过伤。

到今天，熊奈儿已经陪伴我十一年了。有时，我还会像小时候那样抱着它四处玩。

印象最深的还是那次去信誉楼。那天妈妈带我去信誉楼，我执意要把熊奈儿带上。妈妈实在拗不过，只好答应了。来到信誉楼，我的回头率是以前的十倍高。这时，迎面走来了一个二十多岁的大哥哥。他看到我手里抱着的熊奈儿，轻蔑地对我说："都多大了，还抱洋娃娃来信誉楼，真幼稚。"我听后心里很是不满，当场跟他吵了起来。妈妈见此状况急忙跟人家道了歉，拽着我就跑了。

为了熊奈儿我不惜被别人说我幼稚，因为它陪伴了我十一年！

童年中有许多酸甜苦辣，陪伴在我们身边的不只父母，还有你最珍爱的那个玩具，它也许会陪伴你一生一世。

童年·菜园·拔草

刘思婕

童年是纯真的、难忘的岁月。身处童年，我们每天都在编织着美丽的故事。一只昆虫，一个玩具，一次发现，一场争执……看起来微不足道，却饱含着我们快乐、梦想和追求。

我们家有一个大菜园子，那时，我才七岁，奶奶在菜园子里拔草，我看到奶奶疲劳的样子，马上跑上前说："奶奶，您别太累了，我来给您捶捶背吧。"说完，我就行动了起来，我看到奶奶脸上露出了笑容。

为了让奶奶更高兴，我就自作主张开始帮奶奶拔草。我常常会把菠菜当成草给拔掉，给奶奶带来了很多麻烦。忽然，我看到有一棵巨大的"草"，心想：凭我这力气，拔它还不是小菜一碟吗？可是，别看事情想得那么简单，要做起来，可就不容易了。

为了把这根"巨草"拔下来，我特意到屋里换了一身工作服。我先拿锄头把接近根的部位挖一个小口子，然后使劲儿全身的力气拔。我费了九牛二虎之力，可是"巨草"仍然纹丝不动。我只能使出我拔草的绝招了——先把叶子拔掉，然后再一点点地拔根。叶子拔掉后，我开始用手刨根。哎呀，这个草的根可真长啊，刨了很久都没刨掉。最后，我只好与它"同归于尽"了。我深吸一口气，大叫："我拔呀拔，拔呀拔。"这下，"草"终于被我拔出来了。我自己也摔了一个大屁股蹾。

紧接着，我顾不得一身的泥土，马上向奶奶跑去，一边跑一边喊："奶奶，看，我拔出来一个水萝卜。"奶奶一看，哭笑不得地说："好，晚上给你做汤喝。"

我把成熟的水萝卜拔下来也就算了。有时我会把没有长熟的，甚至还没有结果的菜苗也给拔下来了，怪不得奶奶生气呢。

童年是多彩的，童年是难忘的。童年就像一面镜子，你朝它笑，它也朝你笑。你朝它哭，它也朝你哭。我忘不了童年，童年也忘不了我。

记一件童年趣事

106

齐瑞茹

童年像一串风铃，只要轻轻一碰，就会发出一阵阵"丁零零"的悦耳铃声；童年像一串串美味的糖葫芦，吃一口酸酸甜甜，总那么让人回味无穷；童年像一串小脚印，在成长的道路上，为我留下五彩缤纷的回忆。

早晨，天气特别晴朗，湛蓝的天空像一块巨大的宝镜。我也特别开心，因为妈妈用她的独门秘方给我做了"萝卜王"。这是能让人陶醉如进入仙境的一道泡菜，好吃得不得了。妈妈刚把萝卜盛到碗里，我就用勺子在大汤碗里捞出萝卜块，一块儿一块儿往嘴里塞。不一会儿，我的肚子就鼓了起来。妈妈用手拍拍我的小肚皮说："气球要破了！"我眨了眨眼睛，打了声饱嗝，说："气球满气了。"我俩"咯咯咯咯"地笑了起来。

谁知，中午就闹出了笑话。我趴在床上，一股气流从我的鼻尖飘过。"好臭。"我大喊。快打开窗户，通通气吧。通完气，我关上窗户，没一会儿，"噗"的一声，我又闻到了这个气味，我都要被熏死了。

我决定找出这气味的原因。为了保存证据，还关上了窗户。我从厨房闻了起来。"啊！"我又闻到了，怎么到处都是这么难闻的气味呀！我忍不住了，又去了客厅，怎么这里也有啊！我穿上妈妈给我买的"侦探服"（其实就是儿童迷彩服，儿时的我觉得特威风，给它起名"侦探服"），拿起放大镜仔细观察。这一观察，就是一下午。等到晚上，我还没查出来。因为没开窗，所以满屋子都是臭气。

忽然，"咔嗒"一声门锁响，妈妈回来啦。只见妈妈一进屋就皱着眉头说："齐蒙，屋里怎么这么臭啊，快开窗。"我摆摆手，说："不能开窗户，我在找凶手呢！"这时姐姐也回来了，她也大喊："哎呀，好臭呀！"马上脱了鞋，去把窗户打开。"完了，证据全没了！"我十分沮丧。姐姐惊讶地问："什么？什么全没了呀？"我翻翻白眼生气地说："屋里臭气熏天的原因啊！"姐姐和妈妈对视了一下，"哈哈"大笑起来。"齐蒙，这臭气的原因，是因为你吃了太多萝卜，老放臭屁呀！"听到这，我惊讶得长大嘴巴，恍然大悟，然后害羞地笑了。

童年的这条小船，在脑海中飘荡着，飘荡着，让我至今想起这件事都忍俊不禁。

唉，我那威武不屈的牙

李敬琳

"富贵不能淫，贫贱不能移，威武不能屈……"我垂头丧气地坐在沙发上，托着腮帮子愁眉不展地念叨着。哎，提起我那颗威武不屈的牙，我就一肚子的苦水。

自从得知这颗牙即将"退休离岗"的消息后，我整天闷闷不乐的。舌头平时就爱抢风头，一听说他的近邻要"光荣下岗"了，赶紧跑来献殷勤。他爬到牙齿上，用头轻轻地抚摸着，用柔软的身体给了牙齿一个大大的拥抱。牙齿似乎已经看穿了舌头的伎俩。无论舌头如何温柔地抻、拉、拽、顶、抱，他都无动于衷，就像又生了根一般。

食指见了，自告奋勇："我来试试，不过在试之前，我们要进行全身大沐浴。"我端来一盆热水，然后抹上洗手液，用力地搓呀搓。最终，食指基本进入无菌状态。

食指开始大显神威了。他探着身子，触了触那颗"老顽固"，然后一个箭步冲过去，用力往前一推。"啊——"一阵钻心的痛袭来。我立刻闭紧了双眼，握紧了拳头。只听"咔嚓"一声，食指似离弦的箭一般跑出来，向我报喜。

舌头不服气，蹿出去要探个究竟。他冲过去，用力一舔，嘿，牙齿倒了。他还是不相信，来了个"回马枪"，用力向后一舔。嘿，牙齿又随着回来了。唉，牙齿果然还在稳坐钓鱼台呢！顿时感觉一盆凉水从天而降，一下子全浇在了我的头上。这次，我是彻底丧失信心了。

我手足无措，心想：牙齿啊，牙齿，我知道你舍不得离开我。但是，现在的你除了让我苦不堪言以外，又能做点儿什么呢？你的固执真是让我无可奈何。

那天，淘气包弟弟拿着变形金刚围着院子跑，一个不留神，撞到了我这颗松动的牙齿。那一瞬间，疼得我龇牙咧嘴，满地打滚。突然，我的心里暗暗地涌出一阵狂喜：这回这颗牙齿该掉了吧？只要他能痛痛快快地"离岗"，这点儿痛又算什么？我立刻派出我的忠实伙伴舌头去打探虚实。结果还是无功而返。我的小心脏呀，真的快要承受不了了。

几个回合过后，牙齿依旧安然无恙，我却已伤痕累累。我纳闷极了，心想：难道这颗牙齿上辈子是革命战士？喝辣椒水，坐老虎凳，都不能让他屈服。我这几招又算得了什么呢？也许，充其量也就算是蚍蜉撼大树罢了。

唉，我那威武不屈的牙呀，我算是彻底地服了他了。没办法，只有顺其自然了。

牙齿离岗记

刘琳

"Oh，no！"一阵疼痛像一把利剑直锥我的心。我捂着腮帮子痛苦不堪，狰狞的脸上却露出一丝甜甜的微笑——我那威武不屈的牙呀，终于屈服了。这段时间可我把折磨得死去活来的。

"包子，香喷喷的包子出锅喽，快来吃包子喽！"奶奶的吆喝声就像从扩音喇叭里传出来一般，直接敲击着我的耳膜。我心里一阵狂喜：啊，包子！那可是我的最爱！我兴奋地冲出卧室。可是，刚跑了两步，我突然想到了我那颗折磨人的牙。我那沸腾的兴奋感，瞬间跌到了零下五十度。唉，我一下子一点儿胃口都没有了。

一想起这颗牙来，我就有一肚子的火没处撒。自从那颗牙宣布离岗，却又犹豫不决地赖在那不肯离去，我的倒霉日子就开始了。那次吃烤翅，一口下去，正好硌到我那威武不屈的"牙将军"，酸、疼、麻……许多不舒服的感觉一股脑袭来。哎呀，那种滋味，简直就像有几千只蚂蚁在身上爬，难受极了。有了那次教训后，我几乎要和美食绝交了。这对于一个资深的"吃货"来说，是怎样的煎熬呀！

幸亏奶奶疼爱我，理解我，整天变着花样给我做软软的营养大餐。不然我的胃一定会起义的。"咕——咕——咕——"听，我的肚子又在擂鼓抗议了。没办法，我只好硬着头皮去与包子较量了。

我拿起一个包子，心里默默祈祷着：一定要绕开'牙将军'这片雷区！然后有意避开"雷区"，在另一侧小心翼翼地嚼着。

嘿，奶奶真是超级大厨，这包子简直就是人间美味中的极品呀。我正准备为奶奶点赞呢，只听"喀"的一声，包子连馅带皮重重地压了"牙将军"一下，就像一位巨人突然坐在了一位娇弱的小姑娘身上。"糟糕——"我心里一惊，紧张得汗都快下来了。

一秒钟后，我镇静下来，仔细一感觉：咦，不对呀？怎么这次好像没有以往的酸痛感呢？难道——我用舌头一舔，那颗牙真的与包子馅混在一起了。噢，太好了，我的"牙将军"终于想通了，他终于肯离岗了！

我拣出那颗牙，看着他的怪模样，自言自语地说："这些天来，就是你一直在折磨着我呀。你这个可恶的家伙，可把我害苦了。哼，你应该早就预料到早晚会落到我手中吧。早知现在，何必当初呀。现在后悔，也晚三春了。一会儿，我就把你扔进下水道，让你尝尝过山车与激流勇进的滋味，让你永远也见不到阳光！"

看着看着，我的心一下子软了——他曾经陪伴了我很多年呀。我爱吃柠檬，常常酸得流下眼泪，而他却咬牙坚持着；我爱吃火锅鸡，时常辣得舌头失去知觉，而他却毫无怨言地挺着。因为他深知，那是我的最爱。无论多酸多辣，他都要帮我嚼碎，送进胃里。没有功劳也有苦劳啊！

我想，即将离岗时，他的心里也有不舍吧。那是他尽职尽责为我服务的地方，那里有与他同甘共苦的兄弟姐妹呀。我的眼圈儿湿润了，两行泪珠不由自主地滑落下来。

我拿着它，郑重其事地放进了一个精致的小盒里。我要永远记住他，永远把他珍藏。

盼着新牙赶快长出来。只有等到新牙正式上岗，他才肯真正地安心离岗呀。

111

门牙下岗记

郭桐赫

我的乳牙想罢工已经很久了，可是它们整天还是拖着懈怠工作，就是不肯主动下岗。爸爸妈妈看我痛苦的模样，终于在这个周日，让两颗门牙光荣下岗了。

　　一大早，爸爸妈妈带我来到医院。天哪，来看牙的人可真多呀，看来想让牙齿下岗的人不少啊！在焦急的等待中，终于轮到我了，但是这时我却害怕了，开始紧张起来，心里怦怦直跳。医生阿姨让我躺在椅子上，闭上眼睛。谁知，我的屁股刚挨上椅子，两条腿就不听使唤地颤抖起来。我把眼睛瞪得滚圆。爸爸用大手紧紧地捂住我的眼睛。这时我的心里更没底了，只好透过细细的手指缝努力往外看。透过缝隙，我看到医生阿姨拿出一个大针管。我的妈呀，大针管真长呀。我赶紧把嘴巴闭得紧紧的，不再张开。这时，一双温暖的手握住了我的手："别紧张，你是最勇敢的孩子，爸爸妈妈相信你！"那是妈妈的声音。

　　医生阿姨见我就是不愿意打针，于是使用了一个另一个办法。只见她把麻药注射到棉球上，让我咬着棉球。我心想，太好了，不用打针了。于是我乖乖地张开紧闭的嘴巴，不一会儿就感觉牙床麻麻的，然后便没有什么知觉了。我把嘴巴张得大大的，阿姨用工具在我的牙上摆弄了几下，说："好了，完事了。"什么，这么快？我简直不敢相信自己的耳朵。我抬头一看，盘子里果然有两颗小牙。我再用舌头一舔，两颗门牙果真离岗了。

　　嘿嘿，原来让门牙下岗这么简单呀！早知道就应该早早地"开除"它们！

剿 牙 记

尹炫皓

最近，有一颗牙齿总是消极怠工。别的牙齿忙着撕、咬、切、嚼，他却躲在一边睡大觉，毫不作为。口腔总司令发现这一情况后，大发雷霆，决定开展一次"剿牙计划"，彻底消灭这颗"害群之牙"。

口腔总司令紧急召开"剿牙"会议，舌头、拇指、食指、无名指和小拇指，纷纷赶来参加会议，商讨"剿牙"措施，经过一番热烈的讨论后，空腔总司令决定派出舌头、拇指和食指出战。

舌头大将一马当先。他像猛虎一样直接扑过来，一屁股坐上去，重重地压住了牙齿。"哎哟，我的腰都折啦！"牙齿疼得眉头紧锁，眼泪都流出来了。舌头见了，心一软，马上跳了下来。谁知，他刚下来，牙齿就神气活现地挺直了腰板。

食指大将很气愤，一个箭步冲过去，狠狠地压住牙齿，用力，再用力。"咔！"伴随一阵撕裂的声音，牙齿顿时疼得昏死过去。

拇指也来帮忙了。他和食指配合得非常默契。他们左右夹击，一起捏住牙齿。"一二——拔！""拇食"组合使出"拔河大法"。牙齿立刻被制服了。

看着躺在桌子上的牙齿，口腔重重奖赏了舌头、食指、拇指三员大将，并提醒大家一定要见不贤内省，必须在自己的岗位上尽职尽责。

迟到的爱

信雨彤

等待，是一个过程；等待，是一份磨炼；等待，让人望眼欲穿。等待，只为感受爸爸的温暖！

"爸爸怎么还不来呀！"中午放学后，我倚在路边的树上，翘首远望，巴巴地望着爸爸每天来时的方向。"十一点五十了。""爸爸，您怎么还不来呀？爸爸，我在等您呀……"我在心里一遍一遍地念叨着。

爸爸，平常这个时候，我已坐在您的单车上了，嗅着您身上的烟草气味，我就像嗅着茉莉花的香。每当那个时候，我是那样的骄傲，那样的温暖。我不知道别的同学坐在父母的小车里是什么感觉，但我坐在您单车的后座上，总是感觉自己仿佛是一位高贵的公主。

"爸爸，您怎么还不来呀？"我再一次眺望爸爸来时的方向。这一次，我多么想马上能看到爸爸的单车，看到爸爸匆匆忙忙的样子。但熙熙攘攘的马路上，还是没有爸爸的影子。看着身旁的同学越来越少了，我的泪几乎掉下来了。

十一点五十五分。小学生基本走光了，服务中心的队伍也一个个离开了，喧闹的广场一下子安静了许多。初中放学了，一群群的大哥哥大姐姐从我身边走过。他们说说笑笑的样子，更刺激了我等待的心情。我的眼睛一直盯着爸爸每天来时的方向。在匆忙的人流中，一辆单车极速地奔驰而来。近了，一点点地近了。当我兴奋地准备迎上去的时候，一看，根本不是爸爸。

爸爸，您每天是那样准时地出现在我面前，寒来暑往，刮风下雨，您都是一样的准时！爸爸，我知道您已经把接我当成了您生活中的头等大事。在您接我的日子里，岁月慢慢染白了您的满头黑发。可是今天，您是怎么了？您有什么特别的事情吗？我的心开始有了不安。爸爸，您别着急呀！路上您一定要慢点儿骑车，哪怕再长的时间，我都愿等您！

等待，学会等待，有时，它也是一种美丽，一株美丽的花。

十二点整。我不再焦急，不再张望。我只盼爸爸慢点儿骑车，只盼爸爸满面笑容地出现在我的面前。

"玥儿，爸爸单位有急事。爸爸来晚了，等急了吧？来，快上车！"看到风尘仆仆的爸爸，听到爸爸火急火燎的声音，我不争气的眼睛湿润了。

"不晚，爸爸，一点儿不晚。我正好在这默记课文呢。"我偷偷地擦去眼角的泪珠。

当再次嗅到爸爸身上烟草的气味，再次触摸到爸爸脊背的体温时。我真切地感受到，自己的的确确就是一位高贵的公主！

等待下课

窦一德

人有三急——尿急、屎急、屁急。今天我就遭遇了其中的一急：尿急！

尿急可真不好受呀。才上了半节数学课，肚子就对我紧急呼叫："主人，主人，'尿壶'快满了，马上就要溢出来了！"我悄悄地对李春泽说："喂，可以告诉老师我要去厕所吗？"他像一个神棍一样摇了摇头说："不，不，不，坚持，坚持，坚持一会儿。"可我已经快坚持不住了，只好把双腿绷得更紧。李春泽一脸的坏笑，嘴里还轻轻地吹起了口哨。哼，损友，人家都是雪中送炭，你却是雪上加霜，看我下课怎么收拾你！

盼星星，盼月亮，终于听到了下课的铃声。我刚想冲出教室，不料数学老师的一句话又把我踹回了地狱："这道题有些难度，我再强调一下。"噢，天呀！我感觉肚子里有一吨的尿，都快要爆炸了！

大约过了五六分钟的时间，终于下课了！我向教室门口飞奔而去，突然一抬头，班主任正走进来。我吓了一身冷汗，尿也憋了回去。但是不过一两分钟的时间，尿意就战胜了紧张，我还是想去厕所。可我屁股刚刚离开凳子，上课铃就响了。额，我的心好像碎了一样，为什么受伤的总是我！可恶的李春泽又吹起了口哨，我在课桌下

116

面狠狠地给了他一拳。

课堂上，我不停地看表，老师精彩的演讲我一句也没听进去。这时，李春泽悄悄地跟我说："想想小彩旗。"小彩旗？对呀，春晚上小彩旗不停不休地旋转了四个小时，难道她不想上厕所？一定是她把注意力转移到了别处，不去想尿尿这件事，对，肯定是这样。我集中精神开始听课，沸腾的尿意渐渐地冷却了。

下课的铃声再次响起，老师离开了教室。"尿意"再次袭来，慌忙奔出教室"释放"已久的"等待"。

等待的滋味可真不好受啊！

等　　待

王智蘅

"哈哈哈哈，你抓不到我……""王智蘅，你别跑……"在服务中心里，我正在和小伙伴们一起疯了似的奔跑着，借助游戏来打发等待家长来接的这段时间。

"接王城博。""接马一鸣。"门外响起家长的声音，又有两个同学被接走了。院子里的小伙伴越来越少，剩下我们三个人连玩游戏的兴致也没有了。

太阳像个守财奴似的，正藏起他最后的金子。最后的两个小伙伴也一蹦一跳地跟着家长回家了，只剩下我还在焦急地等待着妈妈。

"妈妈干什么去了？她是不是把我给忘了呀？如果是这样的话，我不会今晚就住这了吧？"我心急如焚，漫无目的地在教室里来回走动，眼睛盯着门口，耳朵也竖了起来，生怕漏掉妈妈到来的任何讯息。

　　住宿的同学正在吃着香喷喷的晚饭。我瞟了一眼，不由得咽了一下口水。"咕咕——咕咕。"我的肚子开始抗议了。住宿老师好像看出了我的心思，给我盛了一碗饭。不管了，我先吃饱了再等妈妈。

　　时间一分一秒地过去，都已经八点多了。下了晚自习的同学们都开始刷牙准备睡觉了。妈妈还是没来。八点十分，八点十五分……时间艰涩地流淌着，每一秒都仿佛一个世纪一般漫长。我眼神空洞地望着门口，门外的汽车鸣笛声和老师与家长的交谈声，让我一次又一次地在希望和失望中颠簸。我的泪水在眼眶里打着转，心里是满满的委屈与焦灼。

　　临近八点半的时候，我终于看到妈妈的身影。妈妈火急火燎地来了，一见到我，一边道歉，一边安慰我。我一头扑进妈妈怀里，委屈的泪水瞬间冲垮了堤坝。此刻，我仿佛抓住了深渊中的一根树枝，看到了希望。

　　等待的滋味虽然很难受，但是在等待中，我明白了妈妈对我来说多么重要，我明白了妈妈也是那么的辛苦，我明白了妈妈有多么的爱我。

等 公 交

姚佳妮

　　"怎么还不来啊！"我站在公交站牌前焦躁不安地念叨着，时不时地踮起脚尖，伸长脖子，向远处张望。"今天可是周一，要升旗，七点十五必须到校。"想到这，我不由自主地看了看手表，"呀，现在已经七点十分了，就剩五分钟了。"

　　我急得直搓手，不停地走来走去，就像一只热锅上的蚂蚁，又像一个丢了车钥匙的司机。莫名的焦虑如阴云般一寸寸吞噬着我的心房。焦虑越来越重了，已经开始折磨我的神经，让我心烦意乱。我的额头、手心沁出密密的汗珠，嘴巴不停地颤抖着，大脑一片空白，仿佛世界末日就要来到一般。

　　时间老人好像故意和我作对，飞快地走着。看着飞快旋转的指针，我的心里都快着火了。"万一赶不上公交车，就会迟到，就会给班级减分，同学们就会责怪我……"我越想越恐慌，吓得头皮发麻，几乎就要晕倒了。

　　我双手合十，嘴里喃喃地念着："玉皇大帝啊，王母娘娘啊，观音菩萨啊，如来佛祖啊，求求你们啦，保佑我赶上公交车吧。"我睁开眼睛，发现远处果然出现了一辆红色的汽车，好像是公交车。我兴奋极了，就像一只重获自由的小鸟，又像一只刚刚摆脱了猎人追捕的

与时光老人聊聊天

豹子。

红色的汽车越来越近了。我的心里仿佛揣着一只上蹿下跳的小兔子，一张嘴它都能跳出来了。近了，近了！可我仔细一看，不是公交车，而是一辆小轿车。顿时，我那高涨的情绪一下就从峰顶跌到了谷底。我再也无法安抚失落的内心，只有不停地徘徊，在徘徊中缓解难以平静的心情。

时间飞快地流逝着。我的心里更加忐忑不安了。在我几乎绝望的时候，公交车终于姗姗开来了，我心中的灰暗终于变成了阳光。

掰 手 腕

高云涛

往事就像天上的繁星，多得数也数不清。有的光华灿烂，那是快乐的星星；有的星光黯淡，那是伤心的星星。今天，我摘下一颗光彩夺目的星星奉献给大家。

那是一个风和日丽的上午大课间，我和王禹智正在进行一场激烈的掰手腕大赛，赛制三局两胜。

第一局开始了。裁判员焦春晖向我们讲了比赛的规则，然后两只手同时拍在我俩肩膀上，大喊一声："让我赐予你们力量吧，开始！"我俩都仿佛感受到了他的鼓舞，竭尽全力把力量集中到了手腕上。我们势均力敌，紧握在一起的两只手一会儿往王禹智那边倾斜，一会儿又向我这边倾斜，一时难分胜负。经过一段时间的僵持，王禹

智的脸上已经沁出了细细的汗珠，可我仍面不改色。看来王禹智已经体力不支了，于是我趁机又发动了几次攻击，只听"啪"的一声，王禹智的手背砸到了桌面上。第一局，我胜利了！

　　稍微休息了一会儿，我们交换位置再战。这次我暗下决心，一定要一鼓作气再下一城，否则打平拖到下一局我就危险了。王禹智此时是背水一战，一下子迸发出了一股狠劲儿，和我耗上了。我一边小心应对，一边想着办法。我突然想起王禹智很爱笑，所以试着像小猴子一样用手在后脑勺上摸了摸。果然，王禹智看到我奇怪的动作脸上露出了一丝微笑。有门儿，我这次把手放到了自己的肋下，由上向下又挠了几下，都感觉自己是只猴子了。王禹智笑得更欢了，手上的劲头小了些，我的压力减轻了不少。可是，他好像识破了我的计谋，向裁判提出了抗议。"抗议无效，只要不接触对方的身体，可以随便折腾。"嘿，不愧是我最好的朋友，关键时刻向着我说话。王禹智一看抗议无果，变得谨慎起来。顿时，我的压力倍增，又变成了僵持状态。这时，焦春晖貌似漫不经心地向王禹智提示："你也可以以其人之道还治其人之身呀。"王禹智眼睛一亮，在我对面也表演起猴子来。哼，我玩剩下的你也敢卖弄，我一边假装被他逗得想笑又憋着不笑，一边寻找着反击的机会。果不其然，王禹智太卖力表演了，身体失去了平衡，我趁机用力一掰，耶！一击致命！我高兴得一蹦三尺高。

　　对于这次胜利，我有三点心得，一是目标明确，把每一场比赛都当成决赛的最后一场，不给自己留后路。二是知己知彼，合理利用规则，用自己的长处攻击对手的短处。第三……焦春晖不让我说。嘿，我聪明吧，给自己点三十二个赞！

121

1+1 > 2

陈阳

"咱们班周五要进行一次吹气球大赛！"消息一传出，就像长了翅膀一般，很快在各组中传开了。

听到这个消息，我和刘淇便自告奋勇，要为我们组争得荣誉。别看学习方面的比赛轮不到我们，这种活动类的比赛可就该我们大显神威了。组长看了看我俩，点了点头。为了不辜负组长对我们的信任，我们一放学便紧锣密鼓地操练起来。平时，刘淇吹破天的本领首屈一指。这次，吹起气球来竟然也是一绝。瞧，他好像早就掌握了吹的要领，深吸一口气，然后呼，呼，呼。气被他缓缓地送进了气球中。气球缓缓地膨胀，膨胀。"啊，你简直是太厉害了！"看着看着，我不由得欢呼起来。他的眼眉不由得向上飞舞了。开始扎口了，只见他用左手抓住了气球的口，另一只手拧啊拧。他刚准备打一个结，不料一松手，气球倏地一下子飞了起来。我们慌了神，赶紧寻觅气球的踪影。唉，当气球落地的时候，已经恢复到原来没有吹的模样，前功尽弃了。

练习嘛，失败是再正常不过的事了。我们并没有沮丧，继续练习。我向他请教吹气球的绝招。他毫无保留地一一讲给我听。我很快掌握要领，可是真正练习的时候并不容易。我呼出了一口气，气球只是变大了一点儿，那速度简直是蜗牛级的。我费了九牛二虎之力，终于把干瘪的气球吹满了气。我用力把气球的头拉长，套在大拇指上，绕成一个圈，再小心翼翼地把头穿进去。我只用了一秒钟就顺利地打了一个结。"你太厉害了，你是怎么做到的？快教教我吧。"刘淇惊讶道。唉，我这个师傅真是太失败了，怎么也教不会他。我急得满头大汗，他还是不得要领。"你擅长吹气，我擅长打结。"我突然想到一个好主意，"如果咱俩合作呢？"瞬间，我们脸上的愁容消失了，兴奋得手舞足蹈。我们的合作开始了：他拼命地吹，我以最快的速度打结。我们越练越熟练，越练越默契。我们开始计时练习，一分钟十二个，第二次十七个了，第三次十八个了……我们的效率越来越高了，我们的信心也越来越足了。

周五的比赛如期举行。虽然我们胸有成竹，但是别的组的参赛队员也不甘示弱。开始的时候，我们所向披靡，很多组都成了我们的手下败将。最后，只剩下我们组与"正一组"了。他们组的苏正一和张伯洋可都是吹气球的高手。听说他们吹气球从来就没输过。我的心不由得怦怦地跳起来。这时，刘淇挥了一下拳头，向我做出"必胜"的手势。我的心开始平静下来。只听裁判的一声令下，我们的巅峰对决开始了。刘淇发疯似的猛吹着气球，我娴熟地打着结，一吹，一系，我们配合得天衣无缝。再看对面的高手，开始的时候速度之和是超过了我们。可是，渐渐地，他们就有些力不从心了，不是吹的气力不足，就是打结时失了手。而我们呢，一个吹，一个系，紧张却不慌张，默契，从容。

123

"嘟——"结束的哨声响起了。10∶17，我们胜利了！

1+1>2，两个人的强强联手，果然战胜了两个人各自的单打独斗！

激烈的长跑接力赛

窦思佳

每当我想起体育场上的那场比赛，就禁不住涌起愉悦之情。少年时代的接力比赛，恰似一幅流光溢彩的画面，也似一阕跳跃着欢快音符的乐章。

星期二的下午，我们五年级的长跑接力比赛在灿烂的阳光下，拉开了大幕。

在红色的塑胶跑道上，只听"砰"的一声发令枪响，运动员们好像离弦的箭一样，飞快地向前跑去。这时，跑道两边的同学顿时围起一堵厚厚的人墙。在一片片"加油"声中，运动员们争先恐后，你追我赶，不一会儿工夫，场上便进入了白热化阶段。我们班的第一棒——张宇涵，如旋风一样跑在最前面，形势对我们十分有利！接着，我们班的其他队个个龙腾虎跃，所向披靡，一棒接一棒，一直遥遥领先。

第七棒，由于姚佳杉腿部抽筋，场上的局势发生了变化。五年（3）班的运动员抓住这瞬间的机会，成功反超！大家的心怦怦地跳了起来。

第十棒，早已憋足劲头的王沛云上场：接棒——起跑——追赶。只见她目视前方，双手使劲儿地摆动，撒开双腿，奋力向终点跑去。

我们也热情高涨地为她助阵呐喊："加油！加油！"王沛云不负众望，为我们班再次夺回第一的位置。

第十一棒，跑步高手苏正一像打了鸡血一样冲了出去。开始他还是遥遥领先。渐渐地，他的速度慢了下来，周老师赶快跑过去，为他加油鼓劲儿。三班运动员快要超过他了！我急得又蹦又跳，大声嚷着："快点儿，快点儿！加油呀！"也许是同学们的助威声给了他力量，离终点还有十多米时，他一个冲刺，使我们班稳稳坐上了第一的宝座。

最激烈的要数最后一棒。由于陈昊男跑步速度较慢，所以让三班捷足先登。"飞毛腿"朱宧兴奋起直追，眼看就要追上了。突然，三班的运动员加快了速度。朱宧兴已是筋疲力尽，想追也追不上了。三班同学们的欢呼声一浪高过一浪，而我们失望极了！

长跑接力比赛，虽然我们只得了第二名，但是我们锻炼了意志，增强了拼搏精神，增进了团结一心的信念，这才是最宝贵的。

125

快乐寻宝

张斯弘

寒假，在西安唐苑酒店，我开始了为期五天的《非凡少年》拍摄路程。第三天晚上，老师把我们从房间里给"轰"了出来，叫我们在院子里寻宝，神秘地说有金子、银子和玉佩。

我们立刻双眼冒光，跃跃欲试。老师把我们分成女生队和男生

与时光老人聊聊天

队，女生队五人，男生队三人。我一下子乐开了花，因为我们女生有优势。我把所有女生召集起来，嘀咕了一会儿，我和小曦等四名女生冲向男生，用我们的胳膊"织"成一张"网"，将三个男生牢牢困住，佳祺像离弦的箭一样冲出去找宝物。原以为万无一失，没想到我们的视线都被佳祺吸引了，男生们趁机像泥鳅一样悄悄地从缝隙中钻走了，四散奔逃。我们立即醒悟，马上加入寻宝的队伍。

我看准柱子底下的一片空地，用最快的速度冲过去，抢占了那块地盘，开始寻宝啦！

天那叫一个黑，手电筒的光只能照亮一小块地方。我们像跳来跳去的小猴子，一蹦一跳地寻找着。突然，一阵凄厉的狼嗥声传来，把我吓得不轻，原来是一个男生在捣蛋。二话不说，我马上窜过去狠狠地"揍"他一顿。打"狼"之后，我迅速返回"阵地"。

透过手电筒微弱的光，我弯着虾米似的小腰，瞪着汤圆一样的眼睛，小心翼翼地开展地毯式搜索。终于，皇天不负有心人，一个黄乎乎的小袋子静静地躺在一个不起眼的角落里，我找到锦囊了，打开一看里面是块金子！我高兴极了，举起手欢呼起来，迅速地把宝物放回基地里。

我们继续寻找，却听到男生队的欢呼声，原来他们找到了两个锦囊。没办法，只能上手抢了！我又激动又兴奋，五个女生潜伏在各处，等着男生走进埋伏圈……可是他们特别机警，一阵风似的跑掉了。

最后，玉佩还是没到手，但我不会忘记这次寻宝游戏！这是我最开心的一天！我们虽然"互相伤害"，但我们都很快乐！

生活新体验

　　第一次学会骑自行车，我们感受到的是脚踩风火轮的快感；第一次学会包饺子，我们体会到的是品味人间美味的美感；第一次爬上山顶，我们领悟到的是"一览众山小"的成就感……

编 "驴槽"

滕宇洋

"勾那儿，勾那儿，用小指勾……"卧室里传来爸爸的声音。

"咦，爸爸这是在干什么呢？"我纳闷极了，不由自主地走了过去。

这不看不知道，一看吓一跳呀。爸爸的手上套着一根红色的玻璃丝儿。弟弟呢，正目不转睛地盯着那根玻璃丝儿，用手指勾来勾去。

哎呀，可笑死我了！这一大一小，两个堂堂的男子汉，什么时候喜欢上我们女孩子玩的玻璃丝儿啦？

"你们怎么玩起我们女生的玻璃丝儿了？"

"这你就不懂了吧？"爸爸一本正经地说，"这是爸爸小的时候经常玩的一种游戏，叫'翻驴槽'。"

"'翻驴槽'？这个游戏的名字好另类哟。"我听了笑得肚子都疼了。

"可别小瞧这游戏，动手动脑，可是智慧的较量哟。"爸爸若有所思地说，"我们那个时候，没有电脑游戏，没有旱冰鞋，也没有芭比娃娃。我们就找根细绳儿，翻来翻去的。"

我和弟弟听得入了神。

"那个时候，翻驴槽可是爸爸的绝活。"爸爸得意地甩了甩头，

"好多小伙伴都是我的手下败将。"

"这个还能比赛？"我疑惑不解地问。

"当然了，"爸爸兴趣盎然地解释着，"别看它看起来很简单，里面可有许多门道呢。每翻一下，你都要想好下一步要翻成什么样子，这样才不会把自己逼上绝路。正所谓，'运筹帷幄，决胜千里'呀。"

"有那么邪乎吗？"我半信半疑，"那你就把你的绝活传授给你的长女——我吧。"

"嗯，不行。"爸爸故意卖起了关子，"我这绝活——传男不传女。"

"哼，你竟然重男轻女！"

见我要耍大小姐脾气，爸爸立刻笑着说："好，好，好，今天我就正式将我的绝招传授给我的一双儿女。"

爸爸一边示范，一边耐心地讲解着："双手的拇指和食指捏住玻璃丝儿，再用小指勾住后面的丝线，向上一翻——细细的'面条'就出现了。"

"哇，这四根细细的线，还真像面条耶！"弟弟一边蹦一边欢呼起来。

接着，爸爸又翻出了"大桥""蜘蛛网""玻璃杯""茶壶""梯子"……嘿，还别说，仔细看看，还真有几分相似呢。

我迫不及待地与爸爸展开了较量。爸爸打头阵，将绳子编好后说："快点儿开始吧，我等得花都谢了！"可是，我这新手上路，可得琢磨好下一步，不能一上来就钻进死胡同。我将两个小指放进了两侧孔里，往上一翻，翻出了一个"面条"造型。我这"面条"可不是一般的面条，因为它只有两根线。

"哟，你这瞎猫碰上死耗子，一下子还弄出个'平行线'来。"爸爸一时竟无计可施。

生活新体验

"这叫'长江后浪推前浪'。"

"哦,看来你是想把我拍在沙滩上了。"

"哈哈哈……"

我和弟弟正笑呢,他却想出了对策——左手勾右线,右手勾左线,再往上一翻。啊?出现了一座"大桥"。

我也不甘示弱,来了个"鸡窝"。爸爸马上回击了一个"茶壶"。

我本想来个"梯子"为难一下爸爸的。谁知,心中一兴奋,小拇指失手漏掉了一根线。结果溃不成军,失败了。

唉,姜还是老的辣呀!这看似简单的一根绳子,原来蕴含着这么深刻的道理。不要看轻任何一件事物以及做任何一件事所掌握的技能。

130

难忘的"海底探险"

——体验深潜

裘子嫣

今年暑假,爸爸妈妈带我去了马来西亚沙巴州的马布岛。听说那里是潜水胜地,海水清澈,海洋生物极为丰富。被奶奶称为"裘大胆"的我,一定要好好感受一下。

我们住进了诗巴丹水屋酒店,我在岸边看到海水清澈见底,淡蓝的海水中有海星、海胆和小鱼。经过几次浮潜，我看到了丰富的海洋生物，但是浮潜无法和小鱼嬉戏。我便使出了我的"撒手锏"——死缠烂打，不停地向妈妈申请，去体验深潜。妈妈禁不住我的软磨硬泡，说："好吧，虽然我很紧张，但是还是要鼓励你的勇敢。"

在潜水中心，马来西亚的教练用英语和图册给我讲述了潜水的注意事项，询问我的身体情况之后，帮我背上氧气瓶，戴上潜水镜，套上脚蹼。我站起身，哎呀，怎么迈不开脚步？大大的脚蹼，和我体重差不多沉的氧气瓶，感觉脚底下像灌了铅一样，我艰难地走下楼梯，一点点沉入大海的怀抱。教练领着我的手往海水深处游去。我看到无数色彩斑斓的小鱼在四周游动，还有形态各异的珊瑚。有的像大树枝叶茂盛，有的像大脑的沟回，还有的像鹿角……我激动地看着眼前的这一切，不经意抬头看了一下，哎呀，距离水面好远啊。我不禁感到害怕了。会不会遇到鲨鱼啊？我向教练摆了一个停止下潜的动作。这时我的耳朵有些疼，我按照图册的要求，捏住鼻子鼓气，"噗"的一下，好了。教练明白我的意图，摆出"OK"的手势告诉我不要害怕，一切安全，又带着我往下潜。这时，我看到一只海龟慢悠悠地游了过来，太有意思了。越往下潜，看到的珊瑚的颜色就越丰富，这和在岸边看到的珊瑚完全是天壤之别。这奇妙的海底世界简直令人着迷。可就在这时候，教练告诉我该回到岸上了。我依依不舍地与这美妙的海底世界说了再见。

这次"海底探险"让我看到了奇妙的海底世界，领略了大自然的神奇。我不禁感叹：地球是我们共同的家园，我们应该保护她，还海底动物们一个干净的世界。

拔 萝 卜

张斯弘

　　"拔萝卜，拔萝卜，嘿哟嘿哟拔萝卜……"欢快的歌声在怀柔的菜地里回荡，是我们低年级的"小不点儿"在一边拔萝卜一边开心地唱歌呢。这是我们的社会实践活动，也是我第一次走进萝卜地里。

　　哇！一望无际的、绿油油的菜地呈现在我眼前。翠绿色的叶子挨挨挤挤在一起，好像绿色的波浪，萝卜就藏在密密层层的叶子下面。老师发给我们每人一把小铲子，拔萝卜活动正式开始了！

　　我的眼睛像探测仪一样在萝卜地上搜索目标。啊！我发现第二列第五个的叶子格外茂盛，青翠欲滴，它应该能养育出一个胖萝卜。我对自己的发现感到欣喜若狂，但表面上不动声色。我像离弦的箭一样飞奔到目标前。心想，凭我的本事，哪里用得上铲子！于是我弯下我的小腰开始拔萝卜。我用出了吃奶的力气一拔，呀，萝卜竟纹丝不动！我再接再厉。直到我已经累得上气不接下气，它竟然还是稳坐如泰山。你也太顽固了吧！我死死地盯着它。一阵风吹来，它的叶子微微颤动，似乎在嘲笑我，哼！我开始调整自己的战略方式。既然生拔拔不出来，那我就改用挖的方式。于是，我找到了我的小铲子，然后从萝卜的四周小心翼翼地挖，好像鼹鼠掘土一样。随着泥土的翻开，萝卜终于露出了半个红红的脸颊。这小铲果然没让我失望。我放下小铲，再用力一拔，哎呀，我一屁股坐了下去，一个圆滚滚的大胖红萝卜出来了，根上还带着泥土的芳香。虽然我也摔了个大屁蹾儿，但是仍掩饰不住内心的喜悦。我像一个得胜的将军似的提着大萝卜，对它大喊："哼，你这个大萝卜，害我费了好大的工夫才把你弄出来，这下你不在我面前得意了吧！你看起来很美味，来个萝卜汤就当慰劳我了！"

同学们看到我手中的大萝卜，纷纷聚了过来，都称赞我的萝卜大，我高兴极了。愉快的一天很快过去了，辛苦并快乐着，因为我靠自己的努力收获了成果！

赶羊风波

姚佳妮

133

暑假里，我到姥姥家去住。姥姥家养了十几只羊，每天姥爷都要把羊从羊圈里赶到院子里，把羊圈打扫干净了，再把羊赶回去。

有一天，姥爷让我帮忙赶羊。"好嘞！"接到这美差，我兴奋极了，兴高采烈地向羊圈奔去。哪料想还没走近羊圈，远远地就闻到一股臭烘烘的味儿，我不禁皱起了眉头。走近些，一只只白色的小羊吸引了我的眼球。它们正悠闲地卧着。"真是一群大懒虫，太阳都晒屁股了还赖在床上。"我小声嘀咕着。

突然，我发现有一只羊与众不同。它的毛是黑白相间的，两只眼睛微眯着，好像在闭目养神，头上的两个羊角就像两把弯刀，让人不寒而栗。看它那威严的样子，我猜它一定是众羊的首领。

姥爷把羊圈的门打开，一边用棍子敲打一边吆喝着。这些羊还真听话，听到命令后就开始行动了。一只羊慢腾腾地站起来了，看样子还是有点儿不情愿。又有一只站起来了……羊们陆陆续续地"起立"了。再看它们的"首领"，这时也睁开了双眼。但是它好像并没有站起来的意思，只是用它那威严的双眼审视了一圈。"它这是在检查工作吗？"我正想着，姥爷把棍子交给了我，去推土准备垫圈了。

我拿着棍子胡乱挥舞了几下。羊们却视而不见，一点儿要出去的意思都没有。"哼，胆敢欺生。"我心里想着，便故作镇静，学着姥爷的样子大声喊道："出去，出去！"出乎意料的是，它们个个老奸巨猾，根本就不吃我这一套，就像听不见一样，一动也不动。更可恶的是，有几只羊微曲着双腿，看样子还要准备卧下。

我不知所措，只得向姥爷求助："姥爷，羊不听我的，不出来！""把头羊赶出来，就都出来了。"姥爷胸有成竹地回答道。对呀，擒贼先擒王。得到姥爷的"真传"以后，我径直来到头羊面前，用棍子敲了敲它的腿。头羊"嗖"地一下站了起来，两只眼睛恶狠狠地瞪着我。刹那间，我感到一股凉气从脊背上袭来，似乎站在我面前的不是一只羊，而是一只饿狼。如果用眼神可以杀死一个人的话，我恐怕早就尸骨无存了。我用棍子撑住地，定了定神，暗暗鼓励自己：挺住，挺住！

我又一次颤颤巍巍地拿起棍子，冲着头羊晃悠了两下。头羊还以为我要攻击它呢，先是后退了一小步，然后突然两条后腿立了起来，顺势用力，向前一扑，说时迟那时快，两条前腿一下子就蹬在了羊圈门上。门一下子被关得死死的。它的动作连贯流畅，一气呵成，整个过程眨眼间完成。弱小的我，早已被吓得魂飞魄散，站在地上一动不动，成了木头人。其他羊见此情形，"咩咩"地叫作一团，似乎在为它们的首领加油喝彩。

我一下子被激怒了：难道我还治不住一只羊？我用力地挥起棍

子，大声呐喊着朝头羊冲过去。头羊瞬间被我的气势击垮，扭头朝门口跑去，门"噔"的一下被撞开了。头羊蹿出去了。群羊一下子慌了神，犹如惊弓之鸟一般，纷纷向外逃窜。慌乱之中，有两只羊争先恐后，一下子挤在门口，卡住了。但是它们互不相让，好像谁落在后面就要被砍头一样。就这样，它们僵持在那里，挤，挤，挤，最后硬是往外挤了出去。

看到它们溃不成军的样子，我的心里那个乐呀。耶，我终于把羊赶出来喽！

"治理"唠叨老妈有办法

李江涛

周日的天，晴空万里，可是我家里却阴云密布。因为老妈又生气了，我将迎接暴风雨——"老妈的唠叨"的到来。在家里这是常事。当然我有办法，防老妈的唠叨。

先说第一个办法吧！啊？不好，老妈来了，如果让她知道我在支着对付老妈，我的耳朵又要受罪了。赶紧使用第一招——"跑"，我心里想着，腿也没闲着，一溜烟就躲进了"防空洞"。（因为我家住门市，老爸给我搭建个阁楼。）

坐下咱继续说，再说一招，"先下手为强"。难度三星，成功率三星。这招我试过五次，成功过三次。有一天，我写作业时不小心把茶杯碰到地下，摔碎了。一会儿，老妈回来了。我急忙起身收拾碎

片，然后结结巴巴地说："对……对……不起，妈妈啊，这杯子上有油，很滑，所以……"妈妈打断我的话说："别说杯子，说说你自己的问题，写作业也不老实。"随后，老妈便开始了唠叨神功。我忍受了十分钟后，总算结束了。我提醒大家，此招不到万不得已不可以用。

上次的失败让我没信心了。然而下一招又让我找回了信心。那就是——"沉默是金"！这招难度零星。这就是我恢复信心的招。它的成功率五星（百分百成功）。这一招的不足之处就是浪费时间！但是，有招总比没招强。

有一次，我用了这招"沉默是金"。面对老妈的唠唠叨叨，我如磐石一般坐在那里认真倾听。真是徐庶进曹营——一言不发。当时，我就在心里不断地重复着一位思想家说过的话：沉默是一种美德。果然，这个办法有效减少了妈妈唠叨的次数。如果将这招与"先下手为强"结合在一起，一定会事半功倍。

不过，世界上每个母亲都会唠叨的。如果有一天她不再唠叨，也许就说明你伤害了她。所以，"治理"唠叨老妈的这些招，治标不治本，只可以帮你稍稍应付一下。

老妈的唠叨

窦思佳

爸爸说：天下最美的身姿是妈妈的身影；天下最美的音乐是妈妈

的唠叨。

"彤彤，作业写完了吗？彤彤，赶紧睡觉，不然下午没精神了……"唠叨，是老妈每天必做的功课，我的耳朵都起了茧子，我很烦很烦。

老妈的唠叨每天继续着，我的烦恼每天继续着。为了让耳朵少受罪，我只好想办法应对老妈了。

招数一：乖乖听话，按部就班。每天尽量少犯错误，一切按老妈的要求去做。开始的几天老妈比较满意，她的唠叨果然明显地少了，我也开始沾沾自喜。但好景不长，由于我掉以轻心，常常出错，老妈的唠叨又死灰复燃了。事情是这样的：有一次，我的数学作业是错误百出，特别是有几道计算题结果算错了，老妈看后很着急。开始一遍一遍讲着我听了无数遍的道理：什么平时不用心，考试要吃亏了；什么坏毛病一旦形成，再克服很难了；什么细微之处见功夫了……烦，烦，烦！我的这一招失败了。

招数二：据理力争，坚持自我。有一天晚饭后，老妈又唠叨起来，我洗耳恭听着。待妈妈说累了，我连忙插上一句："老妈，您是不是想当演讲家啊？"听了我的话，老妈很长一段时间没有出声，看得出她在思考着什么。看着老妈的样子，我心里很不是滋味，含泪对老妈说："妈妈，您每天工作很忙很累，您身体又不是很好，以后我会认真做事，少让您操心，力争把功课做得更好……"我看到老妈眼里也泛起了莹莹的泪光。从那以后，老妈的唠叨越来越少了。

现在，每天看着老妈忙碌的身影，我就会想起爸爸的话："天下最美的身姿是妈妈的身影；天下最美的音乐是妈妈的唠叨。"是啊，妈妈的唠叨是希望，是爱，是天下最美的音乐！

我爱我家，我更爱老妈，老妈的唠叨是天下最美的音乐！

"治理"老妈的唠叨

姚佳妮

"快吃这个，这个有营养。""少吃点儿肉，多吃点儿蔬菜。""你作业写完了吗？写完以后再做几道数学题，你这个计算能力还不行，要多练习啊！"……

我正吃着饭，妈妈又开始向我施展她的"唐僧唠叨大法"了，我感觉周围就像有无数只小蜜蜂在嗡嗡地叫个不停，让人心烦意乱，苦不堪言。上帝啊，请赐给我一个耳塞吧，让我免受这唠叨之苦。老妈，求求你，就别再碎碎念了！

吃饭时，妈妈在唠叨；写作业时，妈妈在唠叨；连睡觉前，妈妈还是在唠叨。老妈几乎每时每刻都在唠叨，我的耳朵都快起茧子啦！不行，我不能坐以待毙，要想想对策，"治理"老妈的唠叨。

对策一：躲为上策

惹不起，我还躲不起吗？我每天放学回家，都直接走进自己的房间，吃饭时也吃得特别快，尽量避免和老妈的正面接触。哈！难不成老妈还会跑进房间来对我唠叨？果然不出我所料，好几天，老妈都没对我唠叨。哎，耳边没有老妈的唠叨声，感觉还真不错！

可是，躲得过初一，躲不过十五。我正写着作业，门突然被推开了。只见老妈径直走向床铺，一屁股坐了上去，又对我唠叨起来："你写作业的速度得加快啊，是不是又偷着看书了？你这孩子怎么就不长记性，上次没挨打是吧……"

"哎呀，知道了，知道了，让我清静点儿吧！"我把妈妈拉起来，推着她走出房间。"砰"的一声关上门。哎呀，终于清静了！

对策二：调虎离山

放学回家，在小区门口看到一则通知：有广场舞爱好者可于晚上七点半在5号车库集合。太棒了，真是"天无绝人之路"啊。跳舞可以减肥，老妈肯定愿意参加，她去跳舞了，我不就得救了嘛！赶快把这个消息告诉老妈。

就这样，每天晚上，老妈匆匆吃完饭就去跳舞了，我的耳根子也着实清静了。这感觉用一句歌词来形容，就是"倍儿爽"啊！

可好景不长，没过几天，老妈却突然不去跳舞了，问其原因，老妈一副垂头丧气、愁眉苦脸的样子，再三追问，原来老妈这几天跳舞不但没减肥，反而还重了好几斤。"没天理呀，越跳越肥，我以后再也不去跳舞了！"啊，听了老妈的话，我差点儿晕过去。看来，我的苦日子又要来了。

对策三：以理服人

想到每天又要忍受老妈的唠叨，我的心里就像打翻了五味瓶，别提多难受了。作业也写不下去了，随手拿起一本杂志翻起来。突然，一个题目吸引了我：《和孩子交朋友》。再往下看去，里面讲的是父母和孩子相处的一些办法，有一条就是：父母要当孩子的倾听者，而不是指挥者，更不要整天对着孩子指责唠叨……我的心情豁然开朗，赶紧把书拿给妈妈看。老妈看完书，若有所悟。她对我承诺，以后要改掉唠叨的习惯，当一个合格的老妈，还要我监督她呢！

我高兴得一蹦三尺高，耶！"治理"唠叨老妈终于成功了。

功夫不负有心人

张伯洋

140

"作业写完了没有，要抓紧！""吃这个，这个有营养，吃这个，这个营养还多！""今天受老师表扬了吗？"这已经是妈妈今天不知道多少次对儿子说这些话了，儿子甚至产生了错觉，突然发现自己的身边有无数个老妈，叽叽喳喳地你一句，我一句。

每当儿子要发泄一顿时，看到妈妈那疲惫的样子，那些早已准备好的话都卡在嗓子眼里，挤也挤不出来。可每天都要听这唠叨，没准会被老妈这招"追魂夺命烦音"震成脑震荡的。为此，儿子四处寻找妙计。功夫不负有心人，他终于找到了一些办法。

方法一：要用爱的力量去感化。在家里时，除了做作业，空闲时，不要一味地看电视，只做自己的事，尝试着和妈妈多聊聊天，帮她主动分担一些家务，让她感受到你对她的爱，把你平时在学校中发生的事与妈妈分享，渐渐地，老妈进入了你多姿多彩的生活，就把唠叨病抛到脑后了；或者与妈妈认真谈一谈，把自己的想法表达出来，让妈妈理解一下你的心情，有时候她也会自动闭紧自己的嘴巴的。

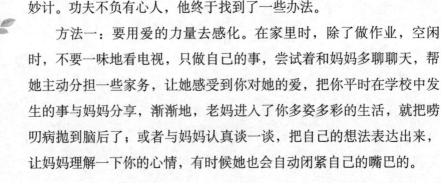

方法二：以其人之道还治其人之身。其实，妈妈每天对我们的唠叨，几乎都是那一套"台词"，既然老妈总是这样倒背如流地说，那你听多了，肯定都熟记于心了。我们只要在学校准备好应对"台词"，并且背得滚瓜烂熟，那样不管妈妈问什么，你都可以巧舌如簧地战胜妈妈，并且有意地多唠叨。渐渐地，老妈就会败下阵来。最后，唠叨声也就逃之夭夭了。

方法三：语言攻击。如果不是万不得已，千万不要使用这招，因为这招的杀伤力极强。再你实在忍受不住的时候，可以说一些让妈妈抓狂的话，如："OK，我不在乎，随你便。"进而还可以说两句杀伤性十足的话进行反击，如："我宁可现在待在孤儿院！……又不是我要求出生在这个家庭的。"切记，这一招一定要慎用。

我想，这份秘籍，足够帮你应付一个星期了。

都是粗心惹的祸

姚佳妮

终于到家门口了！

我把书包放下，拉开拉链，在专门装钥匙的兜里一掏。咦！钥匙好像不在呀？我又全方位地掏了又掏，还是一无所获。我蹲下身子，瞪大眼睛，仔仔细细地搜寻了一遍，结果还是未见钥匙踪影。

"钥匙会去哪里了呢？"我歪着头，脑子里浮现着一圈问号。侧面的大兜小兜都没有，我就对书包展开了地毯式搜索。我把所有的书和文具都掏了出来，连一本书都不放过。尽管已经把书包翻得底朝天了，还是没找到钥匙踪影，我的心立刻凉了半截。

这钥匙难道是在故意与我赌气，有意刁难我吗？那它也太任性了吧。我的脑海就像放电影一样，努力重现早晨出家门前的一幕一幕。噢，想起来了！我狠狠地拍了一下自己那丢三落四的脑子：早晨的时候我根本就没有把钥匙放进书包里！唉，现在我别无选择，只能等妈妈回来了。

我掏出课本，坐在台阶上，开始写作业。唉！这台阶又硬又冷，真不舒服呀。难道传说中的坐冷板凳，就是这样的滋味吗？如果我带了钥匙，现在应该正坐着软软的沙发，双手放在宽大的写字台上，舒舒服服地写作业吧。唉，如果世界上真有卖后悔药的，我一定毫不犹豫地买上几盒，迅速吞下一粒，让自己回到今天的早晨……我一定会拿起我那心爱的钥匙，轻轻地让它安睡在专属于它的"温床"上，再背起书包去上学。

一阵风吹进窗口，我不禁打了个寒战，自己也从幻想中醒了过来。唉，眼前冰冷的防盗门，冰冷的台阶，冰冷的楼道，让我倍加怀念我那温暖的小巢了。我耸耸肩，无奈地叹了口气："自作自受吧。"

我看看表，才四点半。妈妈五点多才会回来。我还要在楼道里待上半个多小时。唉，这种煎熬的滋味真折磨人呀。时间艰涩地流动着，表针发出"嗒嗒"的声响，好像在嘲笑我这个粗心的家伙。哎，除了自责，我还能做些什么呢？

"叮！"电梯响了。大救星妈妈终于回来了！

"又忘带钥匙了吧？"真是知女莫若母呀，我还没张嘴，妈妈就知道事情的原委了。

委屈的我刚想抱怨几句，妈妈的唠叨就开始了："粗心的坏毛病什么时候能改呀……"我只好把到嘴边的话咽了回去。

走进客厅，只见茶几上端端正正地放着那把让我想得发狂的钥匙。我狠狠地瞪了它一眼。它呢，特别绅士地冲我笑了笑。可我总感觉那笑声里有几分讥讽的味道。哎，它也学会了落井下石了吗？真是虎落平阳被犬欺呀！哼，都是粗心惹的祸！

粗心，我讨厌死你了！谁能帮我把它带走呀？

都是联盟惹的祸

王佩云

"我又捉到一个三班的违纪的同学。""你们班的××把垃圾扔在了地上……"一句句告状声涌入我的耳朵。

自从成立了联盟以后，我们二四六八班的同学成了"盟友"，而一三五七班的同学呢，则成了我们的"敌人"。

一到课间，两个联盟的同学就互相捉那些违纪的人。为此，很多以前的密友关系不再密切了，甚至有的还反目成仇。

唉，成立联盟后，这课间的纪律是好多了，乱跑的少了，说脏话的也没有了。可是，同学们的心呢，也一下子疏远了。

就拿我们八班和七班来说吧。我们从一年级开始就是对门。俗话说，远亲不如近邻，近邻不如对门。我们两个班的同学虽然不在一间教室里上课，但是除了班主任不同以外，其他的所有科任老师都是一样的。为此，我们两个班的同学还经常一起去老师那问问题，一起手拉着手下楼去玩耍，很多同学都成了亲密无间的好朋友。

可如今呢，那根友情的线几乎被联盟给扯断了。

这样下去怎么行呢？看着这般景象，我们也都开始了反思。最终，我们悄悄地达成了一份秘密协议——将"捉人上报"改为"隐瞒指正"。一旦发现违纪的，就悄悄地进行劝告，帮助改正，并让这一"劣迹"从此销声匿迹。

一天，两天……一周过去了，同学间的关心越来越多了，彼此之间的感情慢慢恢复了，整个六年级违纪的同学越来越少了，大台子也没有再出现挨批评的同学，取而代之的是被表扬的同学。看来效果显著啊！

联盟呀联盟，你险些惹了大祸！

搬起石头砸了自己的脚

尹西源

"借给我一张活页纸用，行吗？"我一次又一次地乞求着。唉，都怪我自己太健忘了。早晨在家里的时候，我还记着要去学校门口超市买活页纸呢，可是到了教室才发现自己忘记买了。唉，再出校门那是比登天还难，还是先跟周围的同学借一张凑合着用吧。

早知现在何必当初

组长是个热心肠，平时最爱帮助别人了，就跟她借吧。想到这，

我笑嘻嘻地凑过去："尊敬的组长大人，你的组员如果遇到困难了，您一定不会袖手旁观的，对不对？"

"那是自然！"她把头扬得高高的，看都没看我一眼。

"我早就料到你会这么做的。"我故意停顿了一下，接着说，"我的活页纸用完了，你能不能——"

"你？想跟我借活页纸？"没想到，她翻脸比翻书还快，"呵呵，不借！"

"一张，就一张。"我乞求着，就差摇尾巴了。

"一张也不借！"她斩钉截铁地回绝了我，"以前我向你借活页纸的时候，你借给我了吗？别人向你借的时候，你又拒绝过多少次呢？"

她的话就像连珠炮一样，把我轰得哑口无言。

哎，都怪我自己平时太小气了。

世上没有后悔药

145

我沮丧地坐回了座位，懊恼极了。这时我的前桌吴华盛正掏出一沓活页纸来。我的眼睛一亮：吴华盛平时最好说话了，应该不会拒绝我吧？

我快速走到他面前。没想到，我还没有张嘴说话呢，他却以闪电的速度跑开了。我快跑几步追上了他，满脸诚意地说："你能不能借我一张活页纸呀？"

"真没想到，你也有说软话的时候。"他抬头故意看了看天，"这太阳是不是从西边出来了？"

嘀，连他都敢跟我嘀瑟了。我强压住怒火，低声说："我忘记买活页纸了，借我一张呗？"

"现在知道跟我套近乎了，不是欺负我的时候了？"他狠狠地瞪了我一眼。

现在想想，也不能怪他。平时，我依仗着自己个子比他高，力气比他大，不是捶他两下，就是故意绊他一脚。

唉，现在后悔也来不及了。我懊丧地低下了头。

以其人之道还治其人之身

"你是想要一张活页纸吗？"

真是天无绝人之路呀，我的内心一阵狂喜，连忙转头循声望去。

只见后桌手中拿着一张活页纸，正冲着我笑呢。我兴奋地伸出手去接。没想到，活页纸刚碰到我的手指，我还没来得及合拢手指接过来，却又被他迅速地抽了回去。就这样，他刚放到我手中，又快速拿回去，反反复复好几次。

这不是存心耍我吗？我的心里那个气呀。可是，我以前也这样多次耍弄过他呀。

唉，我这纯属自作自受，自讨没趣呀。

今天，"搬起石头砸自己的脚"的滋味，我是尝遍了。我整个人几乎都要崩溃了。

就在我彻底绝望的时候，同桌递给我一张活页纸。我的眼泪立刻涌了出来，哽咽着说："以前，我真不应该……""别说了，快写吧！"她的宽容让我更加无地自容了。

搬起石头砸自己的脚。这次惨痛的教训，让我明白了很多，成长了很多。

都是大鱼惹的祸

高佳轩

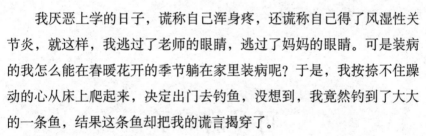

我厌恶上学的日子，谎称自己浑身疼，还谎称自己得了风湿性关节炎，就这样，我逃过了老师的眼睛，逃过了妈妈的眼睛。可是装病的我怎么能在春暖花开的季节躺在家里装病呢？于是，我按捺不住躁动的心从床上爬起来，决定出门去钓鱼，没想到，我竟然钓到了大大的一条鱼，结果这条鱼却把我的谎言揭穿了。

当我提着钓来的巨无霸，哼着小曲回家时，妈妈突然出现了。幸亏我眼疾脚快，急忙躲了起来。只听那边传来妈妈的声音："还不是因为我儿子今天生病了，所以没去上学。这不，我买了些菜，回去给他做顿大餐。"我听了，吓得满头大汗，要是被妈妈发现我装病不去上学，而是跑去钓鱼，今天的大餐估计就得变成"竹板夹肉"了。还有，我以后的人生可能就彻底告别电视和零食了。唉，那样的话，我的日子可怎么熬呀。

终于躲过了邻居和妈妈的视线，我从后门潜进了屋子。要赶紧给这条巨无霸找到一个好的藏身之所。哪里好呢？放进冰箱里吧，不行，才刚把它钓上来，不能现在就让它死翘翘了；要不然放在沙发的后面吧，不行，这条鱼这么大，迟早会玩"鲤鱼跳龙门"的……"噔噔噔噔……"就在我手足无措的时候，一阵高跟鞋与水泥楼梯的碰撞声也传了过来。我的心情也随着脚步声的由远而近骤然忐忑起来。

我快步来到了楼上，要不放进马桶里吧。不行，楼下卫生间前几天闹了洪水，已经被封闭了，放进马桶里面迟早是要被发现的。此时，我的脑袋已经大了。突然，我想到了一个好办法。于是，我把鱼平放在桌子上，本想用小木槌把它打蒙。没想到，这条巨无霸早已"因公殉职"了。这个塑料袋不知在什么时候破了个小洞，水滴滴答答地流了出来。我恼怒万分，干脆把鱼扔掉算了。我一转身，发现门被挡上了。挡住门的正是顺着水滴找上门来的妈妈！

就是这样，这条千载难逢的"巨无霸"，并没有给我带来任何奖赏。相反，它在错误的时间来到我的手中，带给我的只有"电闪雷鸣"。唉，我懊恼极了！

148

可爱的鸽子

郝 磊

爸爸不知从哪儿弄来的鸽子，刚开始的时候十几只大小不等，没有几个月就"扩建"到几十只了，爸爸说了："再这样下去，我们家可就有一百只了。"从最初的铁笼子里，到现在的门房里，走廊天棚里，到处都是鸽子，我们家简直就成了"鸽子王国"。

爸爸工作很忙，但总是不忘给鸽子喂食。在他的精心照料下一大部分鸽子都长得结实肥壮。鸽子的个头小小的，紫色的嘴巴又尖又锋利，鼻子长在嘴上边，耳朵则在羽毛里，眼睛又小又圆，像两颗亮晶晶的宝石。鸽子的羽毛是五颜六色的，但大部分是黑色的，白色的和黑白相间的……在阳光照耀下闪闪发光，美丽极了。细长的双腿，站在那里就像一位高雅华贵的夫人。

鸽子刚到我家时，我给它们吃东西，但它们都不搭理我的好意，后来，我把大米往地上一倒，他们就抢着吃了起来。再后来，我得给它们喜欢吃的食物。有黄豆、大米、玉米、麦子、绿豆……它们最邪门儿的吃法，就是吃一种我们不能吃的东西——沙子，听爸爸说那是帮助它们消化的。鸽子和鸡一样，吃东西时是一粒一粒的。

鸽子的视觉非常敏锐，周围一有动静就会发出"咕咕咕"的声音。鸽子很讲卫生，很爱洗澡，它们的窝很干净，要生蛋时，它们就会外出寻找些豆秸、稻草铺窝，准备孵"小宝宝"。

鸽子还是和平、幸福、圣洁的象征呢。

盖上"背"与盖上"被"

姚雨晴

"G—a—v—e，gave。"我又在背着那枯燥到让人抓狂的单词。

"老师，我背下来了。"

"盖上背。"

"盖上被？这天气多热啊！老师居然让我盖上被！要知道我现在可是在一门心思学习……老师居然让我盖上被……再说了，这还有男生呢……虽说我被称作'女汉子'，但我也丢不起这个脸呀！"我坐

生活新体验

在座位上，喃喃自语道。

老师见我还是不动，便又大声地喊道："干什么呢？快盖上背呀，我听着呢。"老师的样子可怕极了，头发都快竖起来了。

"好吧——"我慢慢悠悠地走向床边。本来就三步的路程，我竟然走了三十多步。我一边走一边摇头晃脑。什么摇头晃脑呀，我是在偷偷地观看同学们的不同的眼神呢。

我越走越慢，可是不管我再怎么拖延时间，再怎么"优雅"地走，还是逃脱不掉"盖上被"的事实。我坐在床边，却怎么也不肯上床盖上被，这时我的脸就和猴屁股一样。

"你快点儿！"老师急了，"快点儿盖上被！"

我的小宇宙也爆发了，结结巴巴地对老师说："老……老师，我就直接……给你背吧，就别……盖上被了，还……还有男生呢！"

"哈哈……我的意思是让你盖住英文，看着汉译，给我背。"

天呀！我居然误会了老师的意思，还说了出来。我用余光快速地扫遍了四个墙角，看看哪里有老鼠洞可以让我钻进去。

同学们轰然一笑，个个都边笑边拍桌子。我深深地将头埋进了被单下。

同学们的笑声并没有停歇下来的意思。有一位男生，笑得连路都走不稳了，哈哈地笑着撞到了墙上；一位女生都不顾自己的"女神范"了，咧开嘴也哈哈地大声笑个不停；一位同学低着头，老师问他干什么呢，他说，满地找牙呢！

渐渐地，同学们的笑声消失了。我慢慢地抬起头来。同学们又开始哈哈大笑。我偷偷地问我的好朋友他们在笑什么？我的好朋友告诉我，我穿一身黑，还戴了一副黑眼镜，显得脸更红了。

唉！对于我这个小懒猪，其实还是喜欢"盖上被"的。嘿嘿，只是那是在夜深人静的时候。

慢跑囧途

尹西源

　　提起跑步比赛，大家一定会想到兔子一般的弹跳力、猎豹一般的速度吧！可是，那节体育课却不同寻常。就在那节不同寻常的体育课上，我可是出了很大的糗！

　　一到操场，范老师就宣布这节课练习慢跑。听到这个消息，我的心里不由得一阵暗喜：赛跑历来就是我的弱项，要是比慢，没准我还能是佼佼者呢？

　　老师郑重其事地讲解着慢跑的规则，我却一句都没有听进去，心想：这还不简单吗？不就是放慢速度吗？

　　"跑步走！"老师一声令下，我们的慢跑就开始了。因为个子矮，我依旧是小排头。我故意把腿抬得很高很高，落地时慢得不能再慢，有种走太空步的感觉。

　　看着同学们纷纷从我的身边超过去，我得意极了，仿佛自己已经拿到了慢跑冠军。一时间，我竟然被冠军泡沫冲昏了头脑。脚下的步子越跑越大，速度也是越来越快。

　　"尹西源！"老师一声呵斥，把我从幻想的美梦中惊醒了。

　　"你跑那么快干什么？"老师愤怒的吼叫声吸引了众多同学的眼球。我的脸唰地一下就红了，低垂着头，恨不得找一个地缝钻进去。

老师见我们总是不得要领，决定亲自当排头。什么？老师就在我的身边领跑？一听到这个消息，我的心立刻就提到了嗓子眼，就像有一只小鹿在心里不停地撞击着。看着老师慢跑的姿势，我一本正经地学着。

可能是我学得太入迷了吧，想停都刹不住车了。我向两边瞄了两眼，咦？人呢？

我回头一看，他们都停在后面看着我笑呢。捂着肚子笑、前仰后合地笑……各种笑态一起向我涌来。哎呀，当时我那个窘呀，简直是无法形容，就像是喷涌的岩浆一下子凝固了一般。

后来我才知道，老师一吹哨示意大家停下来，可是唯独离老师最近的我没有听见，还一个劲儿地向前跑，惹得大家笑翻了整个操场。

老师担心我这个小排头把整个队伍带到沟里去，决定换一个排头。我可不想失去排头的宝座。刚才出的丑已经够大的了，如果再被撤去排头，我可如何抬头呀？

于是，我又是央求又是保证。最终，老师大发慈悲，答应给我最后的机会。这次，我可不能大意了，否则，在同学们面前我就颜面尽失了。我竖起了兔子的耳朵，伸出了蜗牛的脚，开始小心翼翼地向前挪移。我的心一直悬着，生怕出了差错，再闹出笑话。

"丁零零——"下课铃终于响了，我的慢跑囧途也结束了。

糊涂母女那点儿糊涂事

姚佳妮

　　我和妈妈，那可是名副其实的糊涂母女。提起我们那点儿糊涂事儿，就如决堤的黄河之水源源不断呀。不是她出门忘带身份证了，就是我开完门忘记拔钥匙了，不是她炒菜忘记放盐了，就是我洗脸忘记摘眼镜了……唉，论糊涂，我们母女俩都有资格称得上元老了。要是评选最糊涂奖，我看非我们母女莫属。

　　什么，你不相信？那我就给你说说今天的糊涂事儿吧！

　　今天的天气呀，那叫一个热。太阳炙烤着大地，柏油马路热得发烫。如果你不小心坐到地上，屁股一定会被烫伤的。

　　这么热的天，妈妈不想做午饭了，决定买几个烧饼当午餐。正好我也好几天没吃烧饼了，于是我们一拍即合。

　　说买就去买，妈妈抬腿就走。谁知她竟径直朝出售彩票的店铺走去。我心中一阵疑惑：奇怪，妈妈什么时候开始买彩票了，我怎么不知道呢？哪料想，更让我诧异的还在后面呢。妈妈刚迈进门就大声问道："来几个烧饼，烧饼多少钱一个？"

　　顿时，店里店外的人们都把嘴张成了O型，眼睛瞪得像铃铛一样大，面面相觑。时间也仿佛静止在了那一刻。当时，我的脸呀，腾地一下子就红了，恨不得挖个地洞钻进去。我赶紧拽拽妈妈的衣角，小声说："妈，这不是烧饼店。"妈妈抬头看了看，顿时意识到自己错了，慌忙解释说："对不起，真不好意思，隔壁那家关门的店才是烧饼店，走错了，走错了。"她一边说着，一边拉起我落荒而逃。

"唉，想烧饼想得走火入魔了。"妈妈絮絮叨叨地为自己开脱着，"都怪那家烧饼店，要是不关门怎么会让我闹这样的笑话？"

我们带着一丝遗憾继续找另一家烧饼店。

天无绝人之路，我们终于又找到了一家烧饼店。一朝被蛇咬，十年怕井绳。为了不再闹笑话，妈妈说："你都那么大了，买个烧饼不成问题吧？"

"没问题！"为了缓解尴尬的气氛，我故意拍了拍胸脯。

"买两元的就够了。"妈妈一边嘱咐一边递给我五元钱。

"保证完成任务！"说着，我接过那五元钱。

买个烧饼，对于我来说不就是张飞吃豆芽——小菜一碟嘛！如果一开始就把任务交给我，没准……我一边想着一边走进了烧饼店。

嗬，来得早不如来得巧。我一进门正好赶上有一锅烧饼出锅。我连忙说："老板，来两元的。""好嘞！"老板应声答着，娴熟地为我装着烧饼。望着酥脆的烧饼，闻着那扑鼻而来的香味，我的口水都快流出来了。

拿到烧饼后，我把钱递过去，拔腿就匆匆离开。走出门口后，老板在后面追着我喊："找零钱，找零钱！"听到喊声，我如梦方醒，赶紧往回走，拿了找回的零钱。

走在路上，我不好意思极了，小声嘀咕着："都怪这烧饼太诱人了！"

妈妈拍拍我的肩膀，笑着说："咱们母女俩彼此彼此，一比一，平了！"

我们母女俩，你看看我，我看看你，"扑哧"一声笑了。唉，真是一对糊涂母女啊！

为理想加油

信雨彤

155

　　光着一双小脚，我来到河边，用透明的杯子盛满玫瑰般的理想：高高的讲台上，我手执教鞭，领着一群小鸟飞来飞去；洁净的教室里，我用有力的双手，把真善美高高举起；美丽的绿茵场中，我用粉笔画出一道道彩虹，把五颜六色的光撒向校园……我梦想着，有这么一天，实现自己的理想。

　　我是个胆小的女孩儿，课上回答问题常常底气不足。如果，某一天我能站在讲台上，面对那些渴望的眼睛，即便不当场晕倒，恐怕也要手足无措。当我心里有了玫红的理想时，我便决心锻炼自己，大胆些，再大胆些！于是，在家里我对着镜子说话，在学校积极参加各种活动，课堂上积极举手，踊跃回答老师的提问，哪怕是回答错误，也要说出自己的想法。慢慢地，我不再害怕了；慢慢地，我能旁若无人激情演讲了；慢慢地，我能独立组织活动了。小荷初绽，我为我的理想加了油。

　　记得有一次，班级组织读书讨论会，主题是讨论对文学名著《西游记》的人物看法。当老师问我们最喜欢书里的哪个人物时，我略一思索，立刻举了手："老师，我最喜欢孙悟空。"老师问："为什么？"我马上回答："孙悟空疾恶如仇，敢作敢为，对妖魔鬼怪坚决打击，对师父忠心耿耿。"我的话音刚落，教室里就响起了热烈的掌声。抬起头，我仿佛看到那玫红的理想在向我招手。

怀揣着这颗种子，我一直奔跑在追梦的路上。我会仰望星空，更会脚踏实地。我会为了玫红的理想时刻努力，把汗水和泪水制作成一路的音乐，去塑造太阳底下最光辉的职业！

我 的 理 想

张伯洋

156

"砰！"只听一声震耳欲聋的枪响，一个生命在这个世界中消失了。它还没有尽情享受碧水蓝天，它还没有尽情拥抱茂密丛林，它还没有尽情感受舐犊情深……那么多的来不及，让它怎能安宁地闭上双眼？

是啊，无数的犀牛被盗走了角，无数的大象被拔走了牙，无数的鲸鱼被残忍地射杀……这些惨不忍睹的事实，割裂了人类与动物之间的情缘。可怕的人类呀，为了利益竟无知地泯灭了人性！

我从小就与动物结下了不解之缘。小时候，我家养了一只名叫"黑子"的小狗，十分惹人喜爱。它整天与我如影随形，给我的童年增添了无穷的乐趣。不幸的是，就在一个寒冷的严冬，它被疾病夺去了生命。我欲哭无泪，在悲伤中下定决心要为心爱的动物朋友做点儿什么。

从此，我特别渴望与动物亲密接触。每当看到科教频道的《自

然传奇》时，我都会不由自主地沉浸其中，仿佛自己融入了大自然，与斑马奔驰，与雄狮怒吼，与鳄鱼潜水，与鲨鱼游戏……突然，一个手持猎枪的猎人出现了。他夺走了我们无数同胞的生命。大家四散逃窜，仿佛魔鬼来临了一般。我心生恨意，瞬间被拉回了现实。我发誓，绝对不能让我们的动物同胞再受到伤害！

我想当动物保护协会的会长。可是，如果连会长怎么当都不知道，无疑是自取灭亡。野外的生存环境十分恶劣。也许你还没开始保护动物，就先被动物杀死了。所以，要想保护动物必须从了解动物的习性开始做起。知道它们喜欢什么，什么方式表示友好，什么方式表示挑衅，什么颜色会刺激它们，什么环境最适合它们居住……

要想保护动物，强壮的身体是必需的。所以，我积极加入了运动员的队伍。经过艰苦的训练，我在校运动会上跑出了优异的成绩。我还主动报名练习跆拳道，努力让自己的肌肉发达起来，抵抗力强起来。一到周末，我都会去乡下奶奶家，在那里我与涛弟弟在田野里追逐赛跑，免费的日光浴增强了我的体质。为了保护动物，我一定要努力！

等着我，那些受苦受难的动物"同胞"们，我一定会不遗余力地解救你们的！

157

理　想

朱宦兴

　　一个看似简单的理想，需要浓厚兴趣的牵引；一个看似简单的理想，背后必须有汗水的浇灌；一个看似简单的理想，只有坚持不懈的信念，才能走近它。

　　我的理想是当一名田径运动员，一心想参加比赛，像张培萌与博尔特那样参加奥运会。

　　张培萌，他是我的偶像，是我们国家的"百米王子"。他跑一百米才10秒多，我一直很崇拜他，每天做梦几乎都能梦见他。一开始我还以为他跑那么快是天生的。后来我才知道，他的田径生涯有着不同寻常的付出。他不知受过多少次伤，不知经过多少艰苦训练。真是"宝剑锋从磨砺出，梅花香自苦寒来"。为此，我更加佩服他了，他在我心目中的地位是无人能及的。

　　博尔特，他也是我的偶像。提到博尔特，我们都可以叫他"飞人"了。他跑一百米仅需九秒，看见他那飞一般的速度，令我大开眼界。但我深深地知道，台上一分钟，台下十年功，这九秒的诞生，得经受比常人多多少倍的魔鬼训练啊！为了以他为榜样，我特意买了双"博尔特战靴"。每天训练时，我都会穿上它。一穿上它，我就会感觉博尔特赐予了我能量。

　　虽然，现在我的速度距离理想中的目标还是相距甚远，但是我的心头只有一个信念，那便是实现理想，早日成为运动员并参加奥运会。

　　我知道，田径训练十分辛苦，受伤也是常有的事。不管严寒还是酷暑，我们每天都会准时出现在这红色的跑道上。每天，我都要面对着一圈又一圈枯燥的训练，一次又一次痛苦的压腿，一次又一次难忍的磕伤与扭伤……但是，理想是我们前进的目标与渴望。为了我的理想，我可以不惜一切。不管多苦多累，我都要让它变为现实。

　　我的理想就是当一名杰出的田径运动员。我一定会朝着理想拼搏、努力、前进的。

我的作家梦

陈昶文

159

致2021年的陈昶文：

　　你好！

　　你已经成为一位远近闻名的大作家了！你用一颗纯真的心，编织成一个个动人的梦，成为孩子们心底最美的期望，带给每个孩子一颗会飞的心。一个有梦想的大脑，让他们永远保持着善良、纯洁，远离空虚、冷漠。

　　还记得，从小你就是一个不折不扣的"梦想家"，五六岁读《安徒生童话》，那是梦想的开始；七八岁读杨红樱的童话，就好像喝着用梦想和爱组成的果汁；十二三岁结识了冰心奶奶，才知道文学家的

简单快乐里，蕴藏着巨大的力量，甚至能净化生命！于是，你第一次以繁星为笔名，创作了第一首小诗《太阳》。你坚信，你的作品一定会像天上的繁星一样闪耀！

很快，你就成了闻名校园的"小冰心"。但是，各种充满敌意的声音，却开始在耳边回响。就在你苦恼时，老师的话宽慰了你："不在梦想中起飞，就在梦想中跌落。你将来要成为知名作家，写的每一个字、每一句话都要对读者负责，你要用文字洗涤灵魂，让充满希望的文字，成为醒目的坐标。为了你的作家梦，你要努力面对，做好起飞的准备，对吗？"

于是，你不再因为别人的议论而怀疑自己，不再因为畏惧困难而退缩不前。你开始变得勇敢、乐观、坚定，不再是脆弱的小女孩儿。

2021年的你，仍在梦想的大道上奋力奔跑，对文学创作精益求精。你希望留给人们永恒的希望，给人们带去启迪和力量。你要像冰心奶奶那样，做一个文坛的耕耘者和奉献者！

敬祝

繁星永照

2017年的陈昶文

六鼎山风景区一日游

王浩

我的家乡敦化素有"千年古都百年县之称"。所以，我对家乡的很多历史文化都很感兴趣。今天，我有幸参加了我们学校组织的"六鼎山风景区一日游"活动，了解家乡敦化这座古城的文化历史。

我们首先来到了景区内的敦化文物馆。进入文物馆，首先映入眼帘的是一个大玻璃匣子，里面放着一块巨大的石碑，那是贞惠公主墓碑，它是在六鼎山公主墓出土的。贞惠公主墓碑上刻着"大兴宝历孝感……法王"几个大字，有力地证明敦化曾是渤海古国的都城。望着它，我的眼前仿佛浮现出古代渤海盛国的繁华景象。

出了敦化文物馆，我们又到了张笑天文学博物馆。导游介绍，敦化人杰地灵，曾经孕育出许多名人。张笑天是从敦化走出的一位著名的剧作家、作家。他早年在敦化一中教书，教出来的学生也很优秀，有号称敦化文学"四小龙"的作家，也有活跃在商界的成功人士。后来，他又到长春电影制片厂成为一名编剧，创作了著名的《建国大业》《开国大典》等电影剧本。在博物馆里，我看了张笑天的书法也很美，如行云流水，让人心生佩服。

走出张笑天博物馆再往南走，有座灰白相间的建筑，便是清祖祠了。清祖祠是供满族人寻根问祖的地方。我们走入始祖庙参观，一踏进门槛，就看到了一尊巨大的雕像，只见他手持宝剑，身披蓝衣，威风凛凛，英气十足。那就是著名的清始祖爱新觉罗·布库里雍顺了。在布库里雍顺左右还有清朝的十二位皇帝的塑像，每一个都有他们的生平介绍。我在康熙皇帝的塑像停下脚步，对他励精图治，开创康乾盛世的功绩很佩服，如果清朝的十二位皇帝都像他那样，那中国现在会多么强大呀！

走出清祖祠，景区内著名的正觉寺与我们隔着圣莲湖水遥遥相望，因为时间关系，我们没有去。但是从六鼎山上高高矗立的金鼎大佛，就能感到它恢宏的美了。

通过一天的参观，我接受了敦化文化底蕴的熏陶，不禁立下雄伟大志：敦化人杰地灵，作为新一代敦化人，我要好好学习，为家乡的

161

生活新体验

发展做出贡献。

美丽的北山公园

王玉竹

　　我的家乡敦化市是一座文明城市，在敦化的北部有一座美丽的北山公园。

　　公园很大，园内群山连绵起伏，山上树木郁郁葱葱。静静的小石河水从公园前缓缓流过，向人们讲述着公园的美丽。

　　一走进北山公园，首先映入眼帘的是一条长长的石阶路。远远望去，石阶路像是从天上垂下来的一架天梯。沿着"天梯"登上北山山顶来到纪念塔下，塔上"人民永雄永垂不朽"几个大字庄严肃穆。塔静静地矗立着，仿佛是在告诉人们一定不要忘记敦化曾被侵略的历史。

　　从纪念塔往西走，有一条石阶路通往茂密的树林。沿着它前行，最后便登上了北山最高峰"旭日峰"。从旭日峰向下望去，整个敦化市的风景尽收眼底，房子像小盒子，车子像甲虫，人们像一只只小蚂蚁，风轻轻地吹过脸颊，让人心旷神怡。如果在早晨，俯瞰敦化城市的上空，有时还飘着一层薄雾，让人感觉仿佛来到一个人间仙境。

　　走下旭日峰，便来到了儿童游乐场，那里可是孩子们最喜欢的地方了。儿童游乐场里有"莫斯科转盘""鬼屋""小摆锤"等游乐项目。我曾经一直好奇"鬼屋"里有什么，后来妈妈在我的再三央求下，带我去了别处的鬼屋。一进去，我顿时就后悔了，因为里面黑漆漆的，不时传来鬼叫声，里面还有各种装扮的"鬼"冲我大吼大叫，我被吓得魂不守舍，从此我再也不敢好奇了。

北山公园里还有很多景物，比如山上的凉亭，山下的广场雕塑和烈士纪念馆，还有山后的烈士陵，等等。有人说北山是一座革命的山，这一点儿也不为过。它让北山公园就像看不完的故事书，吸引我去探究敦化的革命历史。

我爱美丽的北山公园。

家乡的六鼎山

鲍研庚

我的家乡坐落在吉林省敦化市。素有"千年古都百年县"之称。家乡有许多美丽的景色，如北山的公园、雁鸣湖湿地、老白山自然保护区等。但在我心中，最美丽最壮观的还数六鼎山风景区了。

一进六鼎山的大门，就能清楚地看到群山之巅的最高峰上有一尊大佛，那便是著名的金鼎大佛了。只见大佛脸上露着慈祥的笑容，口中似乎还念念有词，打坐在高高的莲花座上，那莲花瓣足有一人多高，真是既壮观又雄伟。大佛在阳光的照耀下，身上还放射出一道道金光，美丽极了。

六鼎山下有一座寺庙，它的名字叫正觉寺，它是亚洲最大的尼众道场。走进正觉寺，首先看见的是寺庙前的广场上矗立的一尊小佛。

从广场的中轴线放眼望去，它和金鼎大佛是同等比例的，只是比大佛略小。再往前走，会发现正觉寺里有很多重殿，如天王殿、大雄宝殿、千手观音殿等，每个殿都供奉着一尊尊的佛像，拜每尊佛的寓意都不同，比如文殊菩萨能让你学习好，财神能让你财源广进，等等。

正觉寺的对面就是清祖祠，清祖祠里有清朝十二位皇帝的塑像，清祖祠是满族人寻根问祖的地方，它好像在向人们诉说着那些永不消逝的历史。

除了这些著名的景点，六鼎山风景区的自然风光也很美，山下的圣莲池碧波荡漾，每到夏天，满池的荷花绽放着粉艳艳的笑脸，朵朵荷花好像穿了一条粉裙子，一阵风吹过来，它随风飘动，像沾了山顶大佛的灵气似的，粉艳艳的裙子也随着荷花飘动起来，美丽极了。

六鼎山风景区景点各异，每个景点又都从不同的侧面向人们展示了家乡深厚的文化底蕴。它那迷人的风景，正吸引着世界各地的人们来这里游览度假。我爱家乡六鼎山！

游 清 祖 祠

沙芳羽

进入二十一世纪，一座纪念满族先人的宗祠在敦化应运而生地建起来，它就是清祖祠。清祖祠在敦化远近闻名，我早就想去看看了。今天，我满怀期待地参加了学校组织六年级学生的社会活动，去六鼎山清祖祠参观。

我们步行来到清祖祠，远远地就看到一座灰白色的牌楼门，真新奇。我们继续向里走，经过一个长长的甬道来到清祖祠大门前。跨过高高的门槛，我们进入清祖祠正殿，首先映入眼帘的是一位身着蓝长袍，手持长剑的威风凛凛的年轻人塑像。听老师说，他就是清史祖布库里雍顺。他建立满洲政权，为清朝开启入主中原的大门。塑像依次是十二位清朝皇帝塑像。在这些皇帝塑像中，我最喜爱的一位皇帝是康熙。老师说康熙八岁登基，十四岁亲政，在位六十一年，经过铲除鳌拜、撤销三番、亲征蒙古噶尔丹等大事，努力开创出康乾盛世的局面。他是中国史上活得最长的一位皇帝。不仅这些，老师还说，康熙在年幼时就勤奋学习，为了证明自己的能力，他隐姓埋名去参加科举考试，获得了全国第二名的好成绩。

　　在这些清朝皇帝最后面，我还看到了一个小皇帝。导游说他就是清朝最后一个小皇帝，叫溥仪。溥仪是一个傀儡皇帝，先是被民国政府活捉后释放，最后勾结日本侵略者，给清朝统治画上了一个不完整的句号。

　　看了清祖祠，我万分感慨，人的一生不能虚度光阴，不论是在优越的环境中当皇帝，还是在普通环境里当普通人，都应该努力拼搏才行。而我，能够生活在敦化这片圣洁的土地上，多幸福呀！我要珍惜这良好的学习环境，好好学习，做个像康熙皇帝一样有用的人。